www.tredition.de

Eva Gostoni

# Seelenwege

## auf Erden

## mit

## Schritt für Schritt

www.tredition.de

© 2021 Eva Gostoni

Verlag und Druck:
tredition GmbH, Halenreie 40-44, 22359 Hamburg

ISBN
Paperback:    978-3-347-33733-6
Hardcover:    978-3-347-33734-3
e-Book:       978-3-347-33735-0

# Vorwort

Die Autorin befasst sich mit den alten Weisheitslehren, den alten Kulturen, Religionen und Astrologie. In vielen Vorträgen, Seminaren, Meditationen, Einzelgesprächen mit Suchenden, Büchern und monatlichen Gedanken möchte sie das schier unfassbar Große unserer Seelenreise in Worte fassen.

»Seelenwege« ist keine wissenschaftliche Abhandlung, kein Buch, das in kurzer Zeit und in einem Zug geschrieben wurde. Die einzelnen Kapitel entsprechen wichtigen Gedanken und Aspekten eines langen Erkenntnisweges, die in unterschiedlichen Formaten und zu unterschiedlichen Zeiten formuliert wurden.

Die gewählte Sprache ist inspiriert und die großen Wahrheiten sind in uns selbst erlebbar, sie sind aber nicht eindeutig in Worte zu fassen. So werden sie immer wieder aufgegriffen und neu betrachtet.

Die Autorin lädt die Leser ein, die uralten Wahrheiten immer wieder aufs Neue tief in sich und im individuellen Kontext anklingen zu lassen. Die Redundanz erzeugt auf diese Weise eine tiefere Erfahrung.

# DANKE

Danke an meine Lehrer:

- Peter Goldman von der White Lodge, der meine Seele für die geistige Welt erweckte und mich die Gesetze der geistigen Welt lehrte.
- Bruno Huber vom Astrologie Institut, der mir die Wege und die Botschaften der strahlenden Sterne vermittelte.
- Omraam M. Aivanhov, von der Weißen Bruderschaft, der mich wissen ließ, dass die große Liebe unsere ganze Welt, immer und unaufhörlich, in ihren Armen hält.

Danke an unsere Gruppe, für die Zeiten unseres gemeinsamen Lernens, Reisens, Lachens um das Leben immer besser zu verstehen.

Tiefe Dankbarkeit an Elsbeth, dass sie immer bereit war, die oft schwierigen Manuskripte, in eine richtige Form zu bringen.

Ein von Herzen kommendes Dankeschön an meine Söhne. Sie stärkten und ermutigten mich, jeder auf seine eigene Art, bei all meinen Schritten.

Und eine große Dankbarkeit auch an meinen Mann; er schenkte mir die Erde und ich konnte erkennen, dass der Himmel und die Erde nur einige Schritte voneinander entfernt sind.

# Einleitung

## Die Erde ist die Schule der Seele

Viele Seelen sind in dieser Zeit in Inkarnation, um die Gelegenheit zu nutzen, als Schüler oder Lehrer diese Zeiten der Wandlung mitzuerleben und mitzugestalten. Jedes neue Leben ist wie ein neuer Frühling, wie ein Neuanfang. Wie viel bietet uns so ein Frühling, wenn wir uns nicht damit aufhalten, dem Winter nachzutrauern!

Was für ein Geschenk ist es, dass uns schon bewusstwird, dass in einem nächsten Leben, in einem neuen Körper und vielleicht wieder hier, wir das verwirklichen, was wir heute angefangen haben! Was für eine Hilfe ist das Wissen, dass uns täglich ein immer stärker werdendes Licht begleitet, trägt und führt, wenn wir nur mutig genug sind, dem Unbekannten entgegenzutreten!

Die Intuition ist ein Lichtstrahl der Seele, eine höhere Denkkraft, die uns das größere Leben aufzeigt, und unseren Fähigkeiten, aus vielen Erfahrungen, aus bereits errungenem Wissen, erneut begegnen lässt. Unsere Ahnungen, Hoffnungen und Ängste, sind noch nicht vergessene Reaktionen. Unser Dialog mit dem Leben ist eine „Reihenfolge" und möchte weitergeführt werden, wenn auch mit einem neuen Körper. Denn die einzelnen Leben gehören zusammen und das Schicksal hilft dabei, Menschen, Situationen und Orten zu begegnen, um das anzutreffen, wo wir noch etwas bereinigen oder verändern möchten.

Unser wirkliches Ich, unsere ewige Seele, lernt von Zeit zu Zeit, durch Dunkelheit zu gehen. Die Lichtwelle ist es, die uns, immer öfter, sowohl in unbekannte Höhen wie auch Tiefen führt. Die Erfahrungen mit dem „höheren" Licht, wirken auf jeden von uns unvergleichbar unterschiedlich. Das größere Wissen ist das größeres Licht, die neuen Verantwortungen, die neuen Pflichten in unseren verborgenen Tiefen, strahlt.

Die Seelenwege, die Schritt-für-Schritt-Erfahrungen, der Entfaltung des Bewusstseins, sind symbolisch die „Himmelfahrten". Denn es führt vom Reich der irdischen Formenwelt zu den geistigen Substanzen, von den unbewussten und disharmonischen Gedanken unserer instinktgesteuerten Gefühle zum schöpferischen Bewusstsein des göttlichen Lichtes. Aus dem bekannten und gewohnten Leben, zur grenzenlosen Unendlichkeit des Universums.

Unsere unsterbliche Seelenkraft schafft jedem bewussten Ende, den Anfang für etwas Größeres. Jeder einzelne Tag kann eine Vollendung, gleichzeitig die Vorbereitung auf den nächsten sein. Seit vielen Jahrtausenden leben wir auf dieser Erde, in einer polaren Welt, lernen die Vielfalt des Lebens, das Leben in einer materiellen Welt. Das Ziel unserer Reise ist die Bewusstwerdung, unsere Sinne zu erweitern, in unsere Ganzheit hineinzuwachsen, unseren kosmischen Ursprung zu erkennen.

Lichtdurchflutet ist unser Seelenweg, der uns durch kleine und große Zyklen führt, und ermöglicht die Geburt, das Leben auf unserer Erde, doch lange Zeiten noch ganz unbewusst.

Wir sind hier, auf Grund unserer Seelenkraft, doch noch keine bewusste Kontrolle. Genau wie wenn wir einschlafen und wiedererwachen, sterben und wiedergeboren werden, und wie heute  meistens gänzlich unbewusst.

Unser Lichtweg ist die Brücke zwischen zwei Bewusstseinsreichen, der Lichtweg zwischen dem spirituellen und dem materiellen Raum. Und in dem Maße, wie die Zeiten vergehen, und wir schon an zahlreichen Zyklen von Geburt und Tod teilgenommen haben, erwerben wir mehr und mehr Bewusstheit, Weisheit und Losgelöstheit.

# INHALTSVERZEICHNIS

# I. WIR LEBEN AUF EINER SICH ENT-FALTENDEN ERDE, IN EINEM UNEND-LICHEN KOSMOS

## DAS SICH ENTFALTENDE LEBEN

Wie jeder einzelne Mensch von einem Tag, von einem Leben zum anderen, weitergeht, um seine Arbeit immer wieder von neuem aufzunehmen, ebenso erscheinen und verschwinden auch wieder ganze Zivilisationen. Dabei begegnet jede inkarnierende Seele den Orten und Umständen, wo sie ihre nächsten Schritte absolvieren kann. Denn das karmische Gesetz begeht keine Irrtümer, weder bei der Zusammenführung von Menschengruppen, in einer bestimmten Phase einer Zeit, noch bei den einzelnen Menschen oder nationalen Gruppen. Denn es werden immer die Höchsten mit den Niedersten, durch persönliches oder durch Rassenkarma, in Verbindung gebracht, um weiterzuführen, was angefangen, zu berichtigen, was fehlgeschlagen, verstehen zu lernen, was bis jetzt noch nicht verstanden wurde.

Im Laufe ihrer Entfaltung bevölkerte die Menschheit die verschiedensten Teile dieser Erde, immer entsprechend, wie der Globus, nach und nach, bewohnbar wurde. Die erste größere, schon menschenähnliche Gruppe, lebte auf dem Kontinent, den wir heute Arktis nennen und es wird berichtet, dass die darauffolgende Rasse den Norden des asiatischen Kontinents bewohnte.

Die dritte Rasse, die erste große Zivilisation, lebte auf Lemurien, dort wo heute der Stille Ozean liegt. Lemurien erstreckte sich von den beiden Amerikas bis an die Küsten Asiens. Die heutigen Inseln dieses Ozeans waren einst die Gipfel der Berge des lemurischen Kontinents. Unter den Menschen, die dieses Land bewohnten, gab es große Unterschiede von Primitiven bis Genies und, genauso wie heute, wurde bereits damals ein extremer Materialismus und eine Ich-Bezogenheit gelebt, mit dem dazugehörenden Neid und Krieg. Doch auch damals gab es schon Menschen, die ihr inneres Licht und Wissen erkannten, dem folgten und damit die Grundlage und den Weg der Menschheit formten.

„Wenn eine Rasse am Ende ihres Zyklus angelangt ist, wird sie abwechselnd durch Feuer oder Wasser zerstört. Nicht plötzlich, sondern über Zeiträume von Hunderttausenden von Jahren, während sich gleichzeitig die nachfolgende Rasse allmählich entwickelt. Ihr Ende, und damit Lemuriens Schicksal, wurde durch Vulkanausbrüche, durch eine Reihe unterirdischer Erschütterungen und das Auseinanderreißen des Meeresbodens vollzogen. Einige Überreste von Lemurien sind heute noch ein Teil Kaliforniens oder Australiens mit seinen Ureinwohnern, seiner übriggebliebenen Fauna und Flora und auch einigen jener Inseln, die über der Oberfläche des Stillen Ozeans verstreut liegen." (Die Geheimlehre.)

Der vierte Kontinent, für die vierte große Rasse, war Atlantis. Dieser riesige Kontinent dehnte sich über ein Gebiet aus, welches heute der Atlantische Ozean bedeckt. Unter diesem Volk gab es auch schon viele, weit entwickelte Menschen, doch viele davon benutzten ihre Fähigkeiten für selbstsüchtige Zwecke, um sogar die Natur kontrollieren zu können. So wurden sie eine mächtige Rasse von Zauberern, die stets im Krieg mit ihren Brüdern waren. Schließlich begann die Zeit der Überschwemmungen, deren Geschichte in den alten Überlieferungen aller Völker beschrieben wurde und stellt die biblische Geschichte von Noah und der Sintflut dar. Platos berühmte Insel Atlantis war nur der letzte Teil des Kontinents, der durch die Überschwemmungen, die über mehrere Millionen von Jahren dauerten, in einer letzten großen Flutkatastrophe unterging.

Doch schon in der Mitte der lemurischen Zeit, vor vielen Millionen von Jahren, hat eine bereits seelenbewusste Gruppe begonnen, ihre Entfaltung von der dritten in die Entwicklung der vierten Rasse emporzuheben. So gab es schon in diesen frühen Zeiten der Menschheit die Wenigen, die die ersten spirituellen Mysterienschulen des Globus gründeten. Mit der Zeit trennten sie sich auch von ihren Brüdern, zogen unter spiritueller Führung in ferne Länder, die nicht von der Sintflut betroffen waren und retteten so den bereits wachsenden spirituellen Samen für die kommende arische, für die fünfte Rasse. Es gibt auch eine Legende über eine »Heilige Insel« mitten in Asien, nördlich des Himalaja-Gebirges, die heute wieder kahle Wüste ist. Doch sie soll damals von überragender Schönheit gewesen sein, und war als der Garten Eden bekannt. Diese Gegend wurde die Heimat derer, die dem Todeskampf von Atlantis entkamen und die den übrig gebliebenen Atlantern ihre weitere Entwicklung als Arier ermöglichten.

Aber während die Zeitzyklen dahinrollten, veränderte sich auch die Erdoberfläche. Das Land erhob sich, Berge entstanden, das Meer wich zurück, und das fruchtbare Land wurde dürr und das Klima unerträglich. Es waren Zeiten, in denen das Volk in großen Gruppen weiterwanderte, um sich nach Westen, Osten und Süden auszubreiten. Scharen von Emigranten suchten eine neue Heimat und es tobten – schon in jenen frühen Tagen unserer Rasse – viele territoriale Schlachten. So war es auch nicht nur ein einziges Volk, das die Zivilisation von Zentralasien aufbaute, sondern die wiederkehrenden Wellen unserer gegenwärtigen fünften Rasse, wobei jede einzelne Zivilisation ihrerseits eine Wiege für das erwachende Wissen war, das dann immer weiter in noch unkultivierte Teile der Welt, wie in das heutige China, Sibirien und Europa, weitergetragen wurde.

Die Zerstreuung der alten Kulturen in neue Länder setzte sich Tausende und Abertausende von Jahren fort. Im Laufe der Zeit ging auch die Kenntnis über diese frühe asiatische Zivilisation verloren, bis sogar ihre Geschichte legendär wurde, weil jede neue Zivilisation das Alte wegfegte. Diese Emigranten wurden dann später die Chinesen, die Tartaren, die Hindus, die Assyrer, die Babylonier, die Perser, die Griechen, die Römer, die Kelten und die germanischen und skandinavischen Stämme ...

Eine Gruppe zog auch nach Indien. Diese Gruppe von Emigranten gründete eine bisher unübertroffene Zivilisation und Kultur, deren spiritueller Einfluss sich bis nach Ägypten, Kleinasien und Europa erstreckte. Eine andere Gruppe, die nach Ägypten zog, vermischte sich dort mit den Ureinwohnern. Aus dieser Vereinigung entstand eine Zivilisation, deren Glanz nach Jahrtausenden ungetrübt blieb, und der Einfluss ihrer Mysterien verbreitete sich bis nach Persien, Babylon, Judäa und Kreta, Griechenland und Rom. So gehen alle

Spuren spiritueller Inspirationen auf die ägyptische und damit auf die frühe arische Kultur zurück. Archaische Aufzeichnungen weisen auf arische Familien hin, die als Nomaden von einem Land ins nächste zogen, um die Einrichtung von Menhiren und Dolmen, diese kolossalen Abbilder des Zodiaks in Stein, zu überwachen. Somit sind all die Monumente, Tempel und Schlachtfelder dieser Erde die zerstreuten Kapitel der Geschichte, die auch unsere eigene Vergangenheit darstellen.

Und von diesen atlantischen Auswanderern stammt unsere heutige fünfte oder sogenannte arische Rasse ab, denn der Anfang unserer Rasse reicht bis in die Mitte des atlantischen Zyklus zurück. Ebenso ist ein Keim der sechsten Rasse bereits unter uns und beginnt schon jetzt, in der Mitte unserer fünften Rasse, zu entstehen.

Auch die Bevölkerung der dunkelhäutigen Menschen ist eine, sich noch in ihrer Kindheit befindliche, Rasse, die dazu bestimmt ist, in Zukunft einmal eine wichtige Rolle in der Weltgeschichte zu übernehmen. Doch dann wird der Schwarze kein Schwarzer mehr sein, denn er wird sich mit vielen verschiedenen Rassenzweigen vermischt haben. Dieser Prozess der Rassenmischung ist, trotz der Gesetze, die der weiße Mann in vielen Ländern erlassen hat, in der Hoffnung, ihn aufhalten zu können, bereits im Gange.

Wenn wir auf diese Weise zurückblicken, weitet sich unser mentaler Horizont, bei dem Gedanken an das endlose Drehen von Rädern in Rädern. Wir waren ja von Anfang an Teile dieser menschlichen Lebenswogen und all diese Ereignisse sind auch unsere eigenen Geschichten, mit den unendlich vielen Inkarnationen und Neuanfängen. Das bereits Erreichte sind auch unsere Errungenschaften, wie all das Zurückgelassene auch unsere Schmerzen. Wir sind Teile von all diesen vielen kleinen Zyklen, woraus auch unser eigener Pfad entstand und wir erkennen, dass diese, sich ständig wiederholenden Kreise, entlang einer Spirale und immer auf eine höhere Ebene führen.

## ZEITZYKLEN SCHAFFEN NEUANFÄNGE

Die kleineren Zeitabläufe regeln unseren Alltag, die etwas Größeren sind die Zyklen des Jahres. Diese immerwährenden Veränderungen, im ganzen kosmischen Raum, sind ein lebendiger Rhythmus, eine stetige Wandlung, eine unaufhörliche Bewegung. Doch nur durch das Zurückschauen erkennen wir, wie die neuen Zeitzyklen Vorhandenes verändern.

Blicken wir zurück, schauen wir unsere „jüngsten" Jahrtausende an, um unsere kommenden Zeiten besser zu verstehen.

In der Zeit von ca. 4300–2100 v. Chr. erlebten wir das Stier-Zeitalter, das heißt, eine Zeit, in der die Energien aus der Stier-Sternenkonstellation die Erde vorherrschten. Das Stier-Prinzip ist das Symbol für Besitz und war auch das Symbol für den physischen Leib. So galt es als höchstes Opfer, tierische oder sogar menschliche Körper auf einen „Altar" zu legen. Bereits in diesen anfänglichen Zeiten war unsere wichtigste Ich-Erweiterung der Besitz. Geld und Macht waren auch die Mittel, um die Unsterblichkeit, durch die Mumifizierungen, zu erlangen.

Von ca. 2100–50 v. Chr. lebten wir im Widder-Zeitalter, mit den Energien der Widder-Konstellation. Doch, jede Veränderung geschieht immer nur allmählich. Jeder Zeitenwandel ist eine Mischung von Altem und Neuem, bis sich das neue Verhalten immer mehr verbreitet. Denn es sind immer viele, die die alten Gewohnheiten behalten möchten, doch die Anbetung des „goldenen Kalbes" wurde für das jüdische Volk bereits zum Inbegriff der Sünde und des Aberglaubens. *Das neue Symbol war das Lamm. Und die neuen Energien unterstützten die kämpferischen Qualitäten und die Heldentaten.* Es war die Zeit, in der viele kriegerische Eroberungszüge stattfanden und die großen Heldenmythen geschrieben wurden. Das Ideal war „der Mann als Held", und wie ein selbstverständliches Resultat entwickelte sich daraus eine patriarchale Struktur.

Seit ca. 50 v. Chr. bis ca. 2050 n. Chr. erleben wir die Energien der Fische-Zeit. *Das Wasser und der Fisch waren die prägenden Symbole,* auch für das Christentum, und *Jesus lehrte die heilende und segnende Kraft des Wassers.* Doch, auch diesmal vermischte sich das Neue mit dem Vorhandenen, mit dem Gewohnten, so wurde auch für die neuen Ziele wie Glaube, Heimat und Ehre, einfach weitergekämpft. Die patriarchale Denkweise verstärkte sich auch weiter, und in den christlichen Ritualen wurde das Widder-Symbol, als „Lamm Gottes", das sein „Blut opfert", integriert.

*Die Kampfbereitschaft und die Spaltungen wuchsen,* und damit wurden Geist und Materie, Seele und Körper, Fühlen und Denken und Glauben und Wissen einander gegenübergestellt. Im Urchristentum war der Ganzheitsgedanke von Geist, Seele und Körper noch eine Einheit. Doch später reduzierte die römische Kirche das Wesen des Menschen auf Körper und Seele, und in der Welt der Gegensätze gab es von nun an nur noch Licht und Schatten, geistige und weltliche Macht.

Die Energien des Wassermanns berühren seit dem Jahr 1860 die Erde, wenn wir auch seine vollen Energien erst in der Mitte dieses Jahrhunderts erleben werden. *Sein Symbol ist die Synthese, seine Stärke die geistigen Energien der Liebe, deren Ströme er über die Menschheit gießt.*

So leben wir heute in einer wichtigen Zeit, und unsere Lernthematik ist die Liebe. Doch es ist nicht leicht, die eigene Konstellation von Licht und Dunkelheit, Geist und Materie anzunehmen. Nur, wenn wir bereit sind, unseren Perfektionsanspruch an uns selbst abzulegen, wenn wir aufhören, uns zu separieren und zu meinen, wir sind besser und fähiger als der andere und haben mehr Rechte im Leben als der, der uns gegenübersteht. Erst, wenn wir den anderen und uns selbst nicht mehr unterschiedlich werten, sowohl in den Partnerschaften als auch in der Politik, in der Wirtschaft wie in den Glaubensbereichen, erst dann haben wir eine klare Sichtfähigkeit auf den vor uns liegenden Weg, der uns in eine neue Zeit führt.

Die Energien des Wassermanns sind die Energien der Transformation, und sie werden neue Strukturen für Zusammengehörigkeit, Brüderlichkeit und Gerechtigkeit ermöglichen. Energien, die uns helfen werden zu verstehen, dass die Menschheit eine Familie ist und wir füreinander verantwortlich sind. Sie werden rechte Beziehungen und universelle Zusammenarbeit einleiten, dass auf unserer reichen Erde nicht mehr Millionen Kinder hungern müssen.

Doch die starke Wechselwirkung, zwischen den noch vorhandenen Fische-Energien mit ihrem großen Idealismus und den bereits transformierenden neuen Energien, lässt als Erstes Konflikt, Aufruhr und Umwälzungen entstehen. Unsere alten Denkweisen stehen dem Neuen noch direkt gegenüber, unserer Ideale und Wünsche, schon annähernd 4000 Jahre alt sind. Selbst die Natur gibt uns Beispiele, in ihrem jährlichen Verlauf, in ihrer immer wieder neu entstehenden Pracht: *Dass die Vergänglichkeit nur äußere Veränderungen ist, die das Neue erst ermögliche*

*Die kommende Zeit wird uns helfen, dass wir die Liebe neu verstehen.* Die kommenden Energien werden uns beistehen, dass wir endlich verwirklichen, was die göttliche Liebe uns vor 2000 Jahren schon lehrte: Ihr solltet einander besser verstehen.

## EINE NEUE EPOCHE ERWACHT IN UNSERER ZEIT

Die kosmische Uhr tickt und auf ihre Sekundenschläge reagiert die ganze Welt, denn fast unmerklich erleben wir das sich verbreitende Neue, diese neuen Energien, die langsam um die Erde entstehen, wenn große „Wesen" des Himmels in der „Nähe" sind, um uns auf unseren neuen Wegen zu begleiten.

Wir leben in einer erwachenden Welt und suchen die Erkenntnis, um all das verstehen zu können. Dabei erkennen wir, dass sich dieses Neue zu allererst in uns verwirklichen möchte, um uns selbst, auf eine neue Art, wahrzunehmen.

Doch, nur das Innehalten, nur die Zeiten der Stille, das „Stehenbleiben", schaffen diese Augenblicke, in welchen wir der in uns lebenden Vergangenheit wie auch den vor uns liegenden Unsicherheiten begegnen können.

So lernen wir, am Anfang dieses neuen Jahrtausends, vor allem das Loslassen. Und, indem wir Gewohntes zurücklassen, bereiten wir uns auf das Neue und auf all das vor, was uns erwarten möchte. Denn, unser Heimatplanet Erde ist dabei, weiterzuwachsen, sich zu verändern, und sein Vorhaben ist, uns in eine höhere Schwingung, zu neuen Ufern, mitzunehmen. Die alten Schriften beschreiben diese kommende Zeit als ein „goldenes Zeitalter". Doch bevor aus unserem jetzigen ein goldenes wird, müssen wir noch so manches verändern.

Heute stehen sich noch altes und neues Denken gegenüber, die Konflikt, Aufruhr und Umwälzungen hervorrufen. Doch das Leben verlangt das Weitergehen und nur dann, wenn es uns schwerfällt, entsteht das Leid. Selbst die Natur gibt uns Beispiele im Verlauf der Jahreszeiten, in den Zyklen von Licht und Dunkelheit, in ihrer immer wieder neu entstehenden Pracht, dass Vergänglichkeit und Tod nur äußere Veränderungen sind, wodurch das Neue erst ermöglicht wird.

Es ist nicht leicht, unsere eigene Konstellation von Licht und Dunkelheit zu erkennen, noch sie anzunehmen. Aber, der erste Schritt zur Ganzheit ist die Annahme der eigenen „Unvollkommenheit". Und es wird möglich, wenn wir bereit sind, unseren Perfektionsanspruch an uns selbst abzulegen, wenn wir aufhören, uns zu separieren und meinen, wir seien besser und fähiger als andere und hätten mehr Rechte im Leben als der, der uns gegenübersteht. Erst wenn wir den anderen und uns nicht mehr ungleich werten, wird auch das daraus entstandene Bild unsere Beziehungen nicht mehr trüben. Weder in unseren Partnerschaften noch in der Politik, in der Wirtschaft oder im Glaubensbereich, und erst dann kann eine klarere Sichtfähigkeit auf den vor uns liegenden Weg entstehen.

Nach außen ein makelloses und perfektes Bild von uns zu zeigen üben wir schon seit Jahrtausenden, indem wir die Werte und Gebräuche jener Gruppe leben, zu der wir gehören. Denn es galt als Verrat und ist für eine ganze Gemeinschaft entwürdigend, wenn ein Mitglied die Vorschriften des „äußeren Benehmens" missachtet. So sind auch die Gewohnheiten wie Doppelmoral, Scheinehen oder Scheinreligiosität entstanden. Aber dann brauchen wir auch die gegnerischen Gruppen wie, „böse" Menschen mit „bösen" Taten, die wir dann laut für schuldig erklären können, um unsere „scheinbar weiße Weste" noch klarer zum Ausdruck zu bringen.

Das Leben braucht immer zwei Pole, immer ein Gegenüber. Auf unserer Erde kann sich das Leben nur innerhalb dieses magnetischen Vibrationsfeldes entfalten und wachsen. Beginnen wir, entsprechend dem neuen Zeitalter, voranzuschreiten, erkennen wir bald, dass das, was wir anziehen´, auch in uns selbst vorhanden ist. Wie wichtig sind diese Erfahrungen, die uns so deutlich zeigen, dass wir uns selbst nur durch die Spiegelung eines Gegenübers erkennen können! Ob wir all das als Einzelne, als Gruppe, als Nation oder als Seele erkennen, die ihrem kosmischen Geist-Pol gegenübersteht.

Es sind die neuen Energien, die unsere Bemühungen von Brüderlichkeit, Gerechtigkeit und universeller Zusammenarbeit hervorrufen. Die stärker werdenden Energien des Wassermanns stärken auf allen Ebenen den Sog zwischen den Gegensatzpaaren wie positiv-negativ, Mann-Frau, Seele-Körper, Licht-Dunkel, Neues und Altes, um dem noch nicht gekannten, dem „Fremden" zu begegnen, es kennenzulernen und mit ihm in Beziehung zu treten. Das Gesetz der Anziehung ist der ureigenste Impuls des Lebens, das wir als die ewige Sehnsucht nach Vereinigung kennen. Dieser Impuls, der uns heute so stark beeinflusst, ermöglicht nicht nur die neuen internationalen Verbindungen, sondern spornt uns alle an, mit neuen und noch unbekannten Ländern, Völkern und Religionen in Beziehung zu treten, sie näher kennenzulernen.

Ein stärkerer Zustrom von geistigen Energien ermöglicht und unterstützt den Prozess der Neuwerdung. Viele Menschen sind auch bereits spirituell „erwacht" und das alte Wissen taucht wieder auf. Die verstärkten Energien der Liebe ermöglichen, dass wir beginnen, das Leben wie auch uns selbst, besser zu verstehen. Unsere nächste Zielsetzung wird die Einheit, und wir werden immer mehr bereit, unsere errungene Individualität, mit all unseren erreichten Fähigkeiten, als Teil einer Gruppe für ein größeres Ganzes einzusetzen.

# DIE REISE DER SEELE

Wir werden geboren und durch den Tod verlassen wir wieder die Erde. Unsere ewig lebende Seele kommt immer wieder für eine neue Erfahrung in die Materie und geht durch den Tod wieder zurück. Es ist ähnlich, wie wir uns täglich Kleider anziehen, und am Abend ablegen, doch halten wir die einzelnen Tage nicht für einzelne Leben. Könnten wir uns an all unsere Inkarnationen erinnern, würden wir erkennen, dass wir als Seele ein ewiges Leben haben, dass wir als Seele schon seit Ewigkeiten leben.

Wenn wir uns inkarnieren, leben wir in unterschiedlichen Persönlichkeiten und in verschiedenen Umständen. Wir lebten schon als Mann wie auch Frau, sowohl reich als auch arm, mit allen möglichen Hautfarben in verschiedenen Rassen und in unterschiedlichen Religionen. Wir wurden schon als Thronfolger königlich umsorgt, wie auch als Findelkind früh verlassen. Waren schon Superstar und auch Bettler, lebten als Moslem oder als Christ, doch durch all diese Erfahrungen lernten wir das Leben, die Liebe, Gott und uns selbst immer auf eine neue Art zu verstehen.

Wir alle üben immer dasselbe, nur haben wir jeweils unterschiedliche Aufgaben. Einmal lernen wir, mit einem kleinen Fiat zu fahren und schimpfen über die gigantischen Sattelschlepper, welche die ganze Straße verstopfen, und das nächste Mal sind wir am Steuer eines riesigen Trucks und knirschen mit den Zähnen über diese kleinen Blechkisten, die sich so leicht überall durchzwängen.

Niemand ist wertvoller oder wertloser als der andere, jeder ist hier, um etwas Bestimmtes zu lernen. Früher oder später erinnern wir uns schon, dass auch wir mal genauso einer waren wie der, der uns jetzt auf die Nerven geht. Schritt für Schritt entwickeln wir uns und haben immer ein bisschen mehr Verständnis und Mitgefühl für das Leben und auch für den, der uns gegenübersteht.

Unendlich viele Erdenleben durchleben wir, bis wir erkennen, dass das Leben, das wir leben, jenen Leben gleich ist, die wir lieben, und gleich denen, die wir hassen. Wir sind alle Seelen aus dem *einen* Geist, auf den Wegen der Erfahrungen. Wir alle teilen auf diesem Planeten dieselbe Luft, die anderen genauso wirken wie auf uns. Wenn wir uns auch vormachen, dass die Luft, welche die Leute in Afrika einatmen, nichts mit dem zu tun hat, was wir in Europa atmen.

Die Politik versucht das Leben zu unterteilen und zieht Linien auf der Landkarte, um die Erde in verschiedene Länder aufzuteilen. Mit der Zeit meinen wir sogar, dass „mein Land besser ist als deins", als ob das Leben in einem Land wertvoller wäre als in einem anderen. Jedes Leben hat denselben Wert, ob eine Seele schon lange in die Schule der Erde geht oder erst seit Kurzem. Auch wissen wir nicht, in welches Land unsere nächste Inkarnation uns bringen wird. Wo wird unsere nächste Aufgabe sein, was wird unser nächstes Lernfach sein?

In der Schule des Lebens sind es vor allem die Erfahrungen, die wichtig sind, und die daraus entstehenden Erkenntnisse. Für diese Ausbildungen sind unsere inneren oder äußeren Alter, Herkunft, Umgebung, Religion, Geschlecht oder sozialer Status egal. Um Weisheit und Selbstwerdung zu erlangen, ist allein dass „*wie*" *wir mit den Ereignissen unseres Lebens umgehen,* 0wichtig, nur daraus kann sich der wahre Wert unserer Seele offenbaren.

Einst, als unsere Seele die Reise begann, lebten wir noch in einer unschuldigen Einheit. Wie ein unbefangenes Kind waren wir frei und eins mit Gott. Doch, wir mussten „hinaus", wir sollten in die Individualität geboren werden, um unseres wahren Wesens bewusst zu werden. Wir brauchten den freien Willen, wie auch zu vergessen, dass wir eins mit Gott sind. *„Der Sohn musste des Vaters Haus verlassen..."*, um in der Welt der Polaritäten, durch all die Prüfungen, durch all die Entscheidungen und deren Konsequenzen, die Wege der Erfahrungen zu gehen. Nur so können wir jedes Mal, bei jeder neuen Geburt auf der physischen Welt, unser geistiges Selbstbewusstsein wirksamer verwirklichen.

Vor unserer Geburt wie auch nach unserem Tod sind wir ein bewusstes geistiges Wesen. Auf der Erde lernen wir als Seele, unseren physischen Körper so weit zu entfalten, dass seine Mechanismen immer fähiger werden, die Impulse der Seele zu empfangen.

Ein wichtiges Ziel unseres Menschseins ist, fähig zu werden, den göttlichen Geist auf Erden zu vermitteln, als Bote des Himmels zu helfen, die Liebe auf Erden zu verwirklichen.

# DIE EWIGEN LEHREN

Als Kinder lernen wir das Einmaleins des täglichen Lebens, als Erwachsene die Gesetze der Heimat und irgendwann lernen wir auch, dass wir Kinder eines unendlichen Kosmos sind. Doch all diese Gesetze müssen wir ständig neu formulieren, neu erklären, damit wir die Menschheit, in den sich ewig wandelnden Zeiten, in der Zusammengehörigkeit allen Lebens, immer wieder aufs Neue verstehen.

In den uralten Zeiten waren es die Mysterienschulen, die die wenigen, die ihres kosmischen Ursprungs schon bewusst waren, lehrten. Die Möglichkeit für diese Schulung wurde als das größte Geschenk erachtet, das ein Vater seinem Sohn geben konnte. Die Knaben wurden schon in ihrem siebten Lebensjahr in diese Gemeinschaften aufgenommen, um sowohl ihr Herz als auch ihren Verstand zu schulen, damit sie dann im Erwachsenenalter einen konstruktiven Einfluss auf ihre Mitmenschen ausüben konnten. Oder, sie bildeten sich, für die Aufgaben als zukünftige Lehrer der Mysterien. Manche sahen es sogar als ihre Pflicht, die Schönheit, in Form von Skulpturen, Farben, Musik oder Versen, zu den Menschen zu bringen. Diese initiierten Weisen der Antike waren auch allen bekannt, denn sie waren die bewunderten Philosophen, Staatsmänner, Künstler oder Musiker ihres Landes.

Die Wissenschaften wurden als die Gesetze des Kosmos in den Schulen der Mysterien gelehrt, um sie auch durch ihre Ursache und nicht nur durch ihre Wirkung zu verstehen. Medizin und Physik, Mathematik und Philosophie wurden von ihrem inneren Standpunkt aus studiert, von ihren okkulten kosmischen Grundlagen her. Auch die Geographie war in diesen Schulen nicht nur ein Studium der Topographie der Erde, sondern das Erkennen, dass das periodische Heben und Senken der Kontinente in Übereinstimmung mit den zyklischen Ereignissen der Rassengeschichte steht. Auch die Meteorologie war nicht nur das Studium der Strömungen von Wind und Regen, sondern die Erkenntnis von den Strömen vitaler Energien aus allen Teilen des Sonnensystems. Besonders die Astrologie wurde mit Ehrfurcht betrachtet und in all den Ländern wie Chaldäa, Ägypten, Mexiko und Peru, Wales, Island und Indien, für tief spirituell gehalten. Die Einflüsse der Sonne und der Planeten auf den Menschen wurden als ein Austausch von planetaren und solaren Lebensenergien verstanden.

Auch die Wissenschaft der Vorhersage von den großen zyklischen Geschehnissen wurde nicht nur in Indien bis ins kleinste Detail beherrscht, sondern auch im alten Chaldäa, dessen Repräsentanten, noch vor etwa vier- bis fünftausend Jahren, die Astrologie als ihr Hauptmysterium betrachteten. Die berühmte „Zikkurat", oder besser bekannt als der hohe Turm von Babylon, war ein eindeutiger Zeuge für das Wissen um die siebenfältigen planetaren Einflüsse auf die Menschheit. Als ein Symbol der sieben Sphären trug jedes Stockwerk eine andere Farbe und stellte einen der sieben heiligen Planeten dar. Auf der Spitze einer Zikkurat befand sich auch immer ein heiliger Raum mit Tischen und Stühlen. Was also der Allgemeinheit als bloße astronomische Observatorien erschienen, waren in Wirklichkeit geheime Schulungszentren der Astrologie.

Somit war die wesentliche Lehre der Mysterienschulen, was auch die Grundlage unserer heutigen spirituellen Lehren ist, die siebenfältige Beschaffenheit des sichtbaren Universums und auch des Menschen als dessen Kind. Die Zahl Sieben ist eine kosmische Schlüsselzahl und stellt sowohl den materiellen als auch den spirituellen Grundstein der gesamten Evolution dar. Darum wurde schon immer die siebenfältige Konstitution des Menschen gelehrt, was bezeugt, dass auch unser Ich, unser „Haus" sieben Ebenen und große, hell erleuchtete „Räume" hat. Doch, solange wir unsere Ganzheit noch nicht kennen und die einzelnen Ebenen unterschiedlich bewerten, leben wir ausschließlich in den vermeintlich „einzig richtigen" oder „einzig wichtigen" Stockwerken, haben wenig Licht und beklagen unsere Begrenztheit. Schulung bedeutet, lernen Türen zu öffnen, üben in die eigene Ganzheit hineinzuwachsen und unsere Eigenzuständigkeit und Eigenverantwortlichkeit zu erkennen und anzunehmen.

Das Leben, ob für den Einzelnen, für Gemeinschaften oder Staaten, geht immer durch Perioden von Geburt, Wachstum, Reife und Verfall. Wir erleben immer wieder ein neues Leben und im Leben einen neuen Anfang, eine neue Möglichkeit, erfahren eine neue Wahrheit, erkennen einen größeren Zusammenhang. Wie vieles haben wir schon gelernt, wie vieles ist uns schon bewusst geworden, als nächsten Schritt lernen wir heute, unsere kosmischen Verbindungen zu verstehen, unsere kosmischen Wurzeln zu akzeptieren und unsere Einmaligkeit aufzugeben.

Wir alle gehören zu einer großen Seelenfamilie, die unsere Wege aus unmittelbarer Nähe unterstützt. Strahlende Seelen, aus der Bruderschaft des Lichtes, begleiten unsere Schritte auf Erden und helfen, wo das für sie nur möglich ist. Denn die strahlende Liebe des Kosmos begleitet alle seine Kinder, immer!

## DIE FAMILIE, DIE WIR WÄHLEN

Wir sind „Kinder" Gottes und allesamt Brüder und Schwestern. Einige von uns sind – in spiritueller Hinsicht – schon älter und reifer und haben die Aufgabe, den jüngeren Geschwistern zur Seite zu stehen.

Am Anfang unserer Entwicklung inkarnieren wir noch gerne zu Eltern, die zu derselben Seelenfamilie gehören wie wir. Als junge Seelen brauchen wir, wie kleine Kinder, viel Schutz und Hilfe, wie auch Anweisungen, bei der Bewältigung unserer irdischen Existenz, damit wir uns sicher und wohl fühlen können. Für eine junge Seele ist es noch schwer, das irdische Leben allein, ganz nach eigenem Ermessen und individuell zu gestalten. Darum werden die Familienkonstellationen oft, von Generation zu Generation, mit den gleichen Seelen, beibehalten.

Auch in späteren Entwicklungsstufen inkarnieren wir mit Vorliebe zu Eltern aus der eigenen Großfamilie, wodurch die Eigenarten und Charaktere und die typischen Merkmale einer Familie erhalten. Dies geschieht, weil es meistens dieselben Seelen sind, die wieder und wieder in dieselben Großfamilien inkarnieren. Und die sich wiederholenden Verhalten bringen auch die ähnlichen Schicksale über viele Generationen, manchmal sogar Jahrhunderte lang, wir ändern uns ja nicht so gern.

Die Lockerung von der Abhängigkeit der Familienmuster geschieht, wenn wir beginnen, die Verhaltensmuster weniger zu übernehmen und lernen unser Leben zunehmend eigenständig zu gestalten. Je weiter wir in unserer inneren Entwicklung schon sind, umso weniger wird es wichtig sein, ob unsere irdische Familie aus Mitgliedern der eigenen Seelenfamilie stammt oder nicht. Ob die Menschen um uns dieselben Werte, Ansichten und Ziele in sich tragen wie wir oder nicht. Auf den Wegen der Individualisierung werden die eigenen Erfahrungen immer wichtiger sein, und wir werden immer fähiger, aus dem Unbewussten, aus unserem innersten Wissen zu schöpfen.

Wenn wir unsere nächste Inkarnation, unser nächstes Leben, betreffend Eltern und Milieu planen, suchen wir, in welchem Land oder Erdteil wir geboren werden möchten. Berücksichtigt wird vor allem, was den vorgenommenen Aufgaben hilft. So kann es geschehen, dass wir, für eine neue Lebensaufgabe, eine neue Umgebung finden, die uns so fremd und so „kalt" erscheint, dass wir das Gefühl haben, „der Storch hat uns doch an einer falschen Tür abgesetzt". Denn, das Seelenziel, in den Anfängen eines neuen Lebens, ist uns noch nicht bewusst. Wir erinnern uns nicht mehr, dass wir dieses Leben und die dazugehörenden Leute für das Lernen selber gewählt haben, um unsere Seelenqualitäten zu erweitern. Aber allein sind wir trotzdem nie. Wo wir auch sind, eine liebe Person ist immer in der Nähe, ein „Engel auf Erden" ist immer um uns, wenn eine Seele es „schwer hat" und sich alleine fühlt.

In den höheren Entwicklungsstufen wird der Schicksalsplan ausschließlich für die Vorbereitung eines Lebens entschieden. Die Seele braucht – für ihre vorgenommenen Aufgaben – vor allem einen biologischen Organismus, einen dem Plan entsprechenden Körper, ein geeignetes Instrument. Eine Seele sucht manchmal sehr lange die entsprechenden Eltern, damit sie, durch deren Eigenarten, genau diesen Körper erhält, den die Seele für den nächsten Schritt braucht. Denn das Verhalten, die geistigen Fähigkeiten und das bereits erreichte Wissen stammen sowieso allein aus dem Entwicklungsniveau der eigenen Seele.

Unendlich viele Erfahrungen braucht die Seele, für ihre Reifung, bis sie wissend und fähig wird, die jüngeren „Geschwister" zu begleiten. Die Herausforderungen sind oft groß, aber die Wegstrecke ist lang, das Lernen ist nicht auf ein einziges Leben beschränkt.


Die bedingungslose Liebe ist allumfassender Respekt, allen Menschen, auch denen gegenüber, die sich als Feinde und Gegner verhalten. Eine fortgeschrittene Seele stellt sich zur Verfügung, um die ethisch moralischen Themen auch nach außen zu bekunden, und ist bereit, sich politischen, gesellschaftlichen oder karitativen Gemeinschaften anzuschließen, um ein immer bewussterer und aktiverer Teil einer „Großfamilie" zu sein.

## DIE KRAFT DER EMOTIONEN

Die Liebe ist die aufbauende Kraft im Universum, sie schmiedet die Familieneinheiten, führt zu Stammes- und Nationaleinheiten, und eines Tages wird sie die Menschheit auch zur Bruderschaft vereinen. Denn, das Ziel ist, die im Geist schlummernde göttliche Kraft der Liebe immer bewusster zu manifestieren und zu leben.

Das erste soziale Band wird durch die geschlechtliche Anziehung ermöglicht, so entsteht, durch die Kinder, die den Eltern geboren werden, die erste soziale Einheit, die Familie. In den Zeiten, mit der Hilflosigkeit und Abhängigkeit der Kleinen, kann auch die – väterlich/mütterliche – Liebe heranreifen, die der Familie Beständigkeit verleiht, wenn das auch die Zeit ist für das unvermeidbare Spiel der verschiedensten Gemütsbewegungen. So entwickeln sich unter dem Zwang der Umstände die Emotionen der Liebe, die als Zärtlichkeit und Mitgefühl, Vertrauen, Achtung und Rücksichtnahme zum Ausdruck kommen.

Die Emotionen sind die treibende Kraft im Menschen, sie regen die Gedanken an und führen zu Handlungen. Sie sind wie der Strom für eine Maschine und ohne sie ist der Mensch träge und passiv. Aber es gibt auch viele, die das Opfer ihrer übersteigerten Emotionen sind, die mit ihren Gefühlen mal hierhin, mal dorthin schwanken, wie ein herrenloses, vom Sturm gejagtes Boot auf den Wogen. Sie leben abwechselnd in freudigen oder in leidvollen Erregungen, zwischen den Höhen des Entzückens und den Tiefen der Verzweiflung. So ein Mensch wird gänzlich von seinen Gefühlen regiert, und in seinem Inneren herrscht Chaos. Meistens handelt es sich dabei auch um einen sogenannten guten Menschen, der sich großzügig, freundlich und voller Mitgefühl für das Leiden zeigt. Doch, nur allzu oft, dient diese Art Hilfe mehr dazu, das unangenehme Gefühl des Helfers zu beruhigen, als die Not des Leidenden zu lindern. Denn die Emotionen sollten von der Logik beherrscht und gelenkt werden, wenn daraus Gutes entstehen soll.

Doch die Emotionen haben auch zwei Pole, die Liebe und den Hass. Die Liebe charakterisiert sich in all ihren Formen und immer als Mitgefühl, als Selbstaufopferung und der Wunsch zu geben. Die Liebe hat ihren Ursprung im Geist, und Geben ist das Wesen des geistigen Lebens und gehört zum Lebensaspekt des Universums. Der Hass hingegen zeigt sich als Antipathie, als Selbstsucht und Verachtung, aber auch als Furcht, deren Wunsch das Nehmen und das Erhalten ist. Er betont die Unterschiede, sucht die Absonderung und gehört zur materiellen Seite des Universums.

Die Emotionen, die zur Liebe gehören, sind aufbauende Kräfte, die die Menschen zusammenbringen wie die Familie, den Stamm, die Nation, weil die Liebe die Manifestation der Anziehung ist und die Dinge zusammenhält. Aber heute sind es nur wenige, welche die Fähigkeit, die ganze Menschheit zu lieben, schon in sich tragen. Zwar viele sprechen schon davon, doch wenn es darauf ankommt, sind sie auch zum kleinsten Opfer nicht bereit.

Aber emotionale Menschen übersehen leicht die Tatsache, dass, wenn starke Gemütsbewegungen die Atmosphäre mit ihren Schwingungen erfüllen und der Verstand beeinflusst wird, die Dinge nicht mehr in ihrer eigentlichen Wirklichkeit wahrgenommen werden. Die eigenen Emotionen zu beherrschen, besteht darin, dass man nicht impulsiv handelt, auch wenn hastiges Handeln für den modernen Menschen charakteristisch ist. Denn der Impuls entspringt der Wunschnatur, die durch den Astralkörper wirkt und nicht von der Intelligenz gelenkt wird. Die Intuition dagegen, die vom geistigen Ich geführt wird, ist stark, ruhig und zielbewusst. Die beiden voneinander unterscheiden zu können, bedarf der ruhigen Überlegung, wodurch der Wunschimpuls immer schwächer und die Intuition immer klarer und stärker wird.

Nur der, der seine Emotionen versteht und schon gelernt hat, sie zu beherrschen, wird weder durch höchste Freude noch durch tiefstes Leid, aus der Ruhe gebracht, denn er weiß, dass alles auf dem Wege von Nutzen ist. Dass aus Schmerz Energie erwächst und aus Freude Lebenskraft und Mut und durch all dies die Fähigkeit, die Liebe auf Erden zu verwirklichen.

## DIE WOGEN DES LEBENS

Wir sind in den Wogen des Lebens integriert, ob wir den Weg der Erfahrungen oder die Zeiten des Zurückbesinnens erleben. Der Pulsschlag des spirituellen Ichs begleitet uns genauso hinein in die Verkörperung auf der Erde, wie auch zurück in die Heimat der Seele, um dort wieder für einen neuen Zyklus der Erfahrungen bereit zu sein.

Immer wieder bekommen wir aufs Neue die Möglichkeit, mit dem neuen Körper in eine nächste Runde einsteigen zu können. Alle unsere vielen Leben sind wie Minikreisläufe auf dem großen Bogen des Lebenszyklus unseres Sonnensystems. Rhythmische Wiederholungen von Lebensperioden eines Universums, die wie ein ständiger Pulsschlag der Zeit mit all seinen miteinander verbundenen Rädern innerhalb von Rädern sind.

Jeder neue Zyklus bedeutet eine Umdrehung, doch daraus entstehen keine geschlossenen Ringe, sondern ein fortschreitender Kreislauf, der sich ausbreitet und den Pfad jeder vorhergehenden Runde durch einen größeren Bogen des Fortschritts überdeckt. Die nacheinander folgenden Zyklen gleichen einer Wendeltreppe, und wenn wir im Hinaufgehen wieder dieselbe Stelle wie vorher berühren, sind wir doch oberhalb des Niveaus der vorhergehenden Stufe.

So folgen das Gestern, das Heute und das Morgen aufeinander wie eine fortwährende Bewegung, wie ein gemeinsamer Weg, wie ineinandergreifende und sich vermischende Zyklen. Das zeigt sich deutlich auch in der Geschichte der Menschheit, durch die Erfahrungen jener großen Menschheitsgruppen, die die alten Lehren als die „Wogen der großen Rassen unserer Erde" bezeichneten. Denn das Ende eines Rassenzyklus verschmilzt bereits mit der Entfaltung einer nächsten und neuen Rasse. Das bedeutet, dass in einer bestehenden Hochkultur sowohl die Überreste eines schwindenden als auch die Neuanfänge eines kommenden Menschentyps und seiner Kultur integriert sind. So rufen ineinandergreifende Geschehnisse auch immer große Veränderungen hervor.

Wir erleben auch heute in unserer modernen Zivilisation, die einen gewissen Höhepunkt in einer hervorragenden intellektuellen und materialistischen Evolution erreicht hat, dass sie ins Schwanken kommt und die alte Ordnung der Dinge bezüglich Wissenschaft, Religion und Wirtschaft allmählich schwindet. Diese Kämpfe eines zu Ende gehenden Zyklus vermischen sich mit den Geburtswehen einer neuen Zeit, die den Weg zu einem gesünderen und ausgeglicheneren Fortschritt eröffnet.

Für die Menschheit global ist die Zeit gekommen, vollständigere Menschen zu werden und die in ihnen liegenden feineren und edleren Eigenschaften zu entdecken und wachzurufen. Dadurch erleben wir zweifellos eine kritische Zeit. Wenn wir jedoch der damit verbundenen Verantwortung offen entgegentreten, könnte sie zu einer Zeit mit außerordentlichen Möglichkeiten für uns werden. Denn das Rad dreht sich weiter und auch unsere Sonne geht in ihrem großen Kreislauf weiter und begleitet uns von dort, wo im Zodiak der Einfluss von Aquarius herrscht.

Das Gesetz der Zyklen in seinen universellen Auswirkungen zeigt so überdeutlich, dass Mensch und Natur eine Einheit sind und sich mit einem gemeinsamen Ziel entwickeln. Diese Periodizität können wir nicht nur beim Aufstieg und Niedergang von Nationen und ganzen Zivilisationen wahrnehmen, auch durch das Auftreten von Überschwemmungen, Trockenzeiten, Hungersnöten und Krankheiten.

Die in Vergessenheit geratene Verwandtschaft zwischen dem Menschen und all den Reichen der Erde, wurde auch schon in der Vergangenheit durch gewaltige Veränderungen der Natur aufgezeigt. Wurde eine Rasse selbstsüchtig, grausam und kriegerisch, wurde mit der Zeit auch das Klima hart und fruchtbares Land verkam zur Wüste. So prägen alle Rassen ihrer Eigenart entsprechend die Erde. Das karmische Gesetz benutzt die irdischen Naturkräfte und verursacht die notwendigen Perioden von mehr oder weniger günstigen Umständen. Darum inkarnieren wir mit bestimmten Seelen, in eine bestimmte Zeit und an einem bestimmten Ort, damit das, was wir lernen oder beitragen möchten, auch verwirklicht werden kann.

# II. WEGE UND ENTWICKLUNGEN

## UNSER SPIRITUELLES ERBGUT

Wir kommen nicht als leeres Blatt in diese Welt, sondern bringen unser ewig lebendes geistiges Wesen, die Gesamtheit unserer bisherigen Erfahrungen und Entwicklungen, unser karmisches Erbe, aus früheren Existenzen, mit in das heutige Leben. Alle, und ausnahmslos alle unsere Erlebnisse und Handlungen werden in unserem unsterblichen Kern gespeichert. Unsere bereits erworbenen Fähigkeiten und unsere Eigenart, die wir uns im Laufe vergangener Leben erarbeiteten, gehen nicht mit dem Tod verloren, sie sind unser spirituelles Erbgut. Es lohnt sich also, unser Mitgebrachtes kennenzulernen, uns bewusst zu machen, dass wir es auch in dieses Leben integrieren.

Warum vernachlässigen wir unseren inneren Reichtum, unser Potenzial, obwohl sie die Grundlage unseres jetzigen Lebenswegs und unser innerster Schatz sind? Es scheint, dass auch wir, wie so viele andere, vor allem mit dem täglichen Leben ringen und nicht an das Vorhandensein einer inneren Qualität denken. Auch die Liebe suchen wir lange Zeiten hindurch dort, wo sie gar nicht zu finden ist. Aber irgendwann – und das ist jetzt – geben wir dieses Spiel auf und nehmen uns so an, wie wir sind, und von da an nimmt unser Leben seinen natürlichen Lauf.

Um der Eigenart unserer Seele auf die Spur zu kommen und damit unser Leben besser zu verstehen, brauchen wir nichts anderes zu tun, als in den vielen verschiedenen Alltagssituationen unsere Gefühlsregungen ehrlich und offen zu beobachten. Denn, unsere spontanen Empfindungen, unsere Reaktionen auf Begegnungen, unsere Resonanzen aus den tieferen karmischen Schichten unserer Seele sind Teile von uns.

Wir sollten also offen und neugierig registrieren, mit welchen vielschichtigen Gefühlsreaktionen wir innerlich auf die kleinen und großen Begegnungen und Herausforderungen des Alltags reagieren. Diese unsere Eigenart sollten wir auch ohne beschönigende Geschichten und Rechtfertigungen annehmen, denn nur dann können wir uns ehrlich begegnen und unsere Einstellungen aus der Vergangenheit, als wir noch – und das ist anzunehmen – einen anderen sozialen Status als unseren jetzigen hatten, erkennen.

Es geht ja darum, endlich zu verstehen: Wer lenkt unser Unbewusstes. Lebt noch die alte Persönlichkeit in unseren Tiefen, mit all ihren Bedürfnissen und Erwartungen aus gehabten Leben, dann ist es kein Wunder, wenn das Jetzige uns so viel Mühe macht und die Integration in das Hier und Jetzt uns so schwerfällt. Wie wichtig ist die Bewusstwerdung unseres innersten Ichs, der in unseren Tiefen lebenden Ich-Eigenart zu begegnen. Aber was ist, wenn wir ein „Ich" aus der Vergangenheit noch in uns tragen? Und, es ist kein Fehler, weswegen wir uns verurteilen oder uns schämen sollten, es ist nur eine alte, zu einer anderen Zeit gehörenden Sichtweise. Nur, bewusst gemacht, könnten diese unsere verborgenen Fähigkeiten zum Eingangstor in unsere Schatzkammer werden.

Die Schwingungsfrequenz jeder einzelnen Seele hat eine eigenständige, authentische Signatur, einen eigenen „Klang". Und, bevor die Aufgaben eines jeden Lebens bereit sind, hat unser ewiges Ich von den zurückgebliebenen Gewohnheiten und Ansichten aus den vergangenen Zeiten sich zu befreien. Wir haben unsere Eigenart zu vervollkommnen, unseren speziellen Klang in den Chor des Lebens bewusster einzugliedern. Unsere Aktivitäten werden des Öfteren von den Rhythmen der Gezeiten, den Phasen des Hinausströmens und des Sich-Zurückziehens bestimmt. Manchmal erleben wir, wie ein schöpferischer Ton uns mitreißt und uns mit der großen Melodie des Lebens mitschwingen lässt. Doch es gibt auch Zeiten, in welchen es scheint, als würden wir uns in einer sich vom Ufer zurückziehenden Welle befinden, die sich in die eigenen Tiefen zurückrollt, um alles, was ist, für ein neues Ausgießen neu zu gestalten.

Wir sind energetische Wesen, unsere Gefühle und all unsere Regungen sind schwingende Energien. Jede Seele, so auch unsere, hat einen einzigartigen Klang und Melodie. Der Benediktiner-Pater und Zen-Meister Willigis Jäger hat es so ausgedrückt: „Jeder von uns ist ein Ton in der großen Sinfonie des Lebens. Jeder von uns hat einen besonderen Ton anzustimmen und beizutragen, ohne den die große Sinfonie unvollständig wäre. Alle Menschen haben, entsprechend den bereits in ihnen vorhandenen Anlagen, einen einzigartigen Platz im Leben und eine besondere Aufgabe auf diesem Planeten, denn ´Dass du bist wie du bist, ist der Segen, dass du bist wie du bist, ist das Wunder`".

## LEBEN WIR BEWUSST, ERKENNEN WIR DIE ZUSAMMENHÄNGE

Wenn sich Himmel und Erde, Seele und Körper, Gedanken und Gefühle verbinden, entsteht Leben. Erkennen wir die größere Ganzheit, von der wir ein winziges, aber wichtiges Teilchen sind! Unser Licht ist ein wichtiger Funke, unsere Fähigkeiten sind wichtige Bausteine. Zusammen mit dem Wind und den Bäumen, den strömenden Gewässern, verändern sich täglich unsere Gedanken, die Taten und die Welt. Und wir üben immer und immer, und lernen täglich, was das heißt, ein kosmisches Kind zu sein. So ist die Bewusstwerdung einer unserer wichtigsten Schritte.

Wir sollten nicht vergessen, dass unser jetziges Leben nicht unser einziges ist, sondern eine gegenwärtige Erfahrung unserer Seele, die bereits Hunderttausende von Inkarnationen erlebt hat. Alle Inkarnationen, diese gesamten Erfahrungen, sind in unserer Seele gespeichert. Alles, was wir erleben und schon erlebt haben, weiß die Seele noch. Darum gehen die Erinnerungen, weder aus diesem Leben noch aus allen anderen Inkarnationen, nicht verloren. Sobald wir die Verbindung mit unserer Seele aufnehmen, kann sie uns die Erfahrungen, die sie über Jahrtausende in all den verschiedenen Inkarnationen gesammelt hat, als Intuition, als ein inneres Wissen, weitergeben.

Je mehr wir unsere Gedanken erweitern und beleben, umso klarer funktioniert die Intuition, die eine Qualität der Seele ist. Darum ist die Meditation eine so wunderbare Gelegenheit, sich in Konzentration zu üben, und mit unseren kreativen Gedanken die Brücke zur Seele und zum Himmel zu erbauen. Dadurch wächst auch unser Glaube, was nichts anderes als Vertrauen ist. Und Vertrauen ist eine wichtige Tugend, die nichts mit blindem Glauben zu tun hat, im Gegenteil. Ein wirkliches Vertrauen ist echter Glaube und erwächst dort, wo die Intuition, die Stimme der Seele, einem inneren Wissen begegnet.

Es fällt uns schwer, einen Sinn für die richtige Proportion zu finden. Ein Gleichgewicht zwischen der Tätigkeit des inneren und der Arbeit des äußeren Menschen herzustellen, was gar nicht so leicht zu erreichen ist. Viele Menschen sind der Meinung, dass wenn man schon auf der „richtigen" Spur ist, man es im Leben leichter haben wird. Aber, den Weg des geringsten Widerstandes zu gehen, ist nicht unbedingt die richtige Lebensweise. Die Kunst ist, sich einmal für den Weg des geringsten und ein anderes Mal für den des größten Widerstandes zu entscheiden.

Sind wir mitten im Leben, müssen wir den Anforderungen des Lebens begegnen. Den Lebensunterhalt verdienen, die familiären Pflichten erfüllen und unsere spirituellen Aufgaben wahrnehmen. Das heißt, in der Welt voll integriert zu sein, die Verantwortung als Mensch voll anzunehmen und die Aufgaben nicht besser und nicht schlechter als andere zu erfüllen. Auch das eigene Karma zu akzeptieren und das tägliche Leben so zu nehmen, wie es kommt. Sich weder unterkriegen zu lassen, noch sich zu wichtig zu nehmen, sondern mit größtmöglichem Gleichmut zu reagieren, ohne unnahbar zu sein.

Eines unserer Ziele ist, die Qualität der Hoffnung in uns zu integrieren. Nicht die wunscherfüllende, mit ihrer astralen Natur, sondern die Hoffnung im okkulten Sinne. Die Hoffnung durch das Wissen der Gesetze des Lebens. Und wenn es uns bewusst wird, dass wir selber die Seele sind, dann werden wir sowohl Vertrauen als auch Hoffnung haben. Denn, Vertrauen und Hoffnung entspringen der gleichen inneren, intuitiven Erkenntnis, dass wir zu einem bestimmten Zweck hier sind. Man kann zwar dem Körper, auf der äußeren, physischen Ebene, alles Mögliche antun, aber unserem Sein kann man nicht wirklich schaden.

Verbinden sich Himmel und Erde, Seele und Körper, Gedanken und Gefühle, entsteht Leben.

In unserem Herzen ist Dankbarkeit, der Himmel schaut auf seine Kinder, ihre Wege begleitend.

## IN DEN RHYTHMEN DER VERÄNDERUNGEN ATMET DER KOSMOS

Die Rhythmen der Veränderungen begleiten jeden bewussten Weg. In der Natur lebt dieses ewige Gesetz, als Gezeiten der Jahreszeiten, und genauso atmet auch die Seele in den Rhythmen der Inkarnationen. Zwar – vom Standpunkt der Seelenerfahrung – erscheint es, als würden wir in manchen Leben einfach nur stillstehen, ohne dass sich etwas Wichtiges ereignet, während andere Leben voller Erfahrungen und Wachstum sind. Doch die zeitweiligen Ruheperioden sind meistens Vorbereitungen für einen nächsten, neuen Impuls.

Wichtig ist aber zu wissen, dass auch die kleineren Zyklen, die uns innerhalb eines Lebens berühren, sich ständig verändern. Diese zyklischen Impulse treten, im Leben eines Suchenden, mit viel größerer Heftigkeit, Geschwindigkeit und manchmal sogar mit Gewalt auf als im Leben eines Menschen, der mit seiner Entwicklung noch nicht bewusst verbunden ist. Sie gelten als die Berg- und Talerfahrungen eines Suchenden, der einmal im Sonnenlicht und dann wieder im Dunkeln wandert. Manchmal erleben wir die Freuden einer Gemeinschaft und dann plötzlich sind wir wieder allein. Eine Zeit lang ist unser Dienst eine fruchtbare, befriedigende Erfahrung und es scheint, dass wir wirklich helfen können, bis dann wieder eine Zeit mit einem Gefühl folgt, dass wir nichts zu bieten hätten. An manchen Tagen ist uns alles klar, als wenn wir auf einem Berggipfel ständen und die geistige Verbindung klar wahrnehmbar wäre. Dann wieder scheint es, als ob Wolken herabsänken und alles wieder ungewiss wäre.

Es beschäftigt uns stark, und wir fragen uns immer wieder aufs Neue, wie lange diese unausgeglichenen Erfahrungen, von den großen Gegensätzen, noch andauern sollen? Es braucht Zeit, bis wir begreifen, dass es die Reaktion unseres eigenen dreifachen Körpers – unseres physischen, unseres Gefühls- und Mentalkörpers – ist, der von der Seelenenergie abwechselnd berührt wurde, und deshalb so unausgeglichen reagiert. Das heißt, wir sollten weder jubeln bei freudigen Erfahrungen, noch betrübt sein während der Zeiten der Talwanderungen. Wenn wir, mehr und mehr, lernen, im Seelenbewusstsein zu leben, erfahren wir, dass die Schwankungen des physischen Lebens uns immer weniger berühren. Diesen Lernweg nennen die Schriften den „messerscharfen Pfad",

der von der Ebene des physischen Lebens in das Seelenbewusstsein führt, aus der sich ständig wandelnden Sinneswelt,
in die Welt der Wirklichkeit.

Ein wichtiges Lernziel ist auch, dass wir die Stille lieben
lernen, dass wir in uns „der inneren Stille" begegnen. Ruhe
und Ausgeglichenheit müssen wir in uns erarbeiten, bevor das
Gleichgewicht entstehen kann. Auch das Schweigen, das aus
dieser inneren Ruhe kommt, sollte gepflegt werden. Die Beständigkeit des inneren Gleichgewichtes ist die Voraussetzung dafür, dass unsere Lehrer uns erreichen können. Wenn
unser Bewusstsein, im helleren Seelenbereich, beginnt, ein
neues „Zuhause" für sich zu errichten, wenn wir zum ersten
Mal, von diesem zentralen Punkt aus, als das ewige „Ich" auf
die vergängliche „Persönlichkeit" schauen, wie sie handelt,
wie ihre emotionalen Reaktionen sind, wie sie agiert, dann
werden wir eher unerfreut sein.

So beginnt ein Üben, damit wir unsere eigenen Mängel
nicht nur anschauen, sondern sie auch annehmen. Uns akzeptieren mit dem, was wir schon können, aber auch mit dem,
was wir noch nicht können. Schließlich ist unsere Fähigkeit
eins mit unserem Seelenbewusstsein, was ein wachstumsbedingter Prozess ist, womit wir schließlich erst begonnen haben.

Damit beginnt ein wichtiger, neuer Zyklus. Wir lernen, erst
noch zaghaft, dann aber immer sicherer, Entscheidungen zu
treffen. Nicht in der Wahl zwischen den geistigen und dem
weltlichen Weg, sondern wir lernen das richtige Handeln,

wenn wir vor eine Wahl gestellt werden. Denn durch die Erfahrungen lernen wir immer bewusster zu erkennen, ob das, was wir gerade vorhaben, wichtig für unsere Persönlichkeit oder wichtig für unsere Seele ist. Und wenn wir entschlossen die für uns als die beste erscheinende Richtung gewählt haben, lernen wir, unserer inneren Stimme zu folgen. Nur durch Erfahrungen lernen wir, die leise Stimme unserer Seele immer klarer zu erkennen.

## DIE HOFFNUNG UND DAS VERTRAUEN SIND UNSERE WICHTIGEN WEGBEGLEITER

Doch es gibt zwei Arten von Hoffnung. Die eine mit ihrer astralen Natur, das ist die Hoffnung unserer Wünsche. Die andere Hoffnung ist mit unserem inneren Wissen verbunden und weiß, dass alle Dinge des Lebens eins sind und zusammengehören. Wenn wir unserer Seele schon bewusst sind, beziehungsweise wenn uns schon bewusst ist, dass wir selber die Seele sind, werden wir sowohl Vertrauen als auch Hoffnung in uns haben. Vertrauen und Hoffnung wachsen aus der gleichen inneren, intuitiven Erkenntnis, dass wir zu einem bestimmten Zweck hier sind, und nichts auf dieser Erde etwas daran ändern, nichts dieses Leben vernichten kann. Man kann zwar den Körper töten, man kann dem Leben auf der äußeren, physischen Ebene alles Mögliche antun, aber man kann unser Sein nicht vernichten. Darum ist Hoffnung ein Gefühl für das eigene lebendige Sein.

Vertrauen ist die innere Verbindung zur Seele und damit eine Seelenqualität. Darum bedeutet hoffen auch die Bereitschaft, dem Leben mit vollem Vertrauen zu begegnen, was aber nicht bedeutet, dass wir es dadurch im Leben immer leicht haben werden. Viele Menschen sind der Meinung, dass wenn sie es nur richtig machen und auf der richtigen Spur sind, sie es im Leben immer leicht haben werden. Doch, den Weg des geringsten Widerstandes zu gehen, ist nicht immer die richtige Lebensweise.

Der Suchende muss den Anforderungen des Lebens nachkommen, die an ihn gestellt werden. Seinen Lebensunterhalt verdienen, die familiären Pflichten erfüllen und auch seine spirituellen Aufgaben wahrnehmen. Dies sind die schwierigsten Aufgaben eines Suchenden; nämlich völlig in der Welt integriert zu sein, seine Verantwortung als Mensch voll anzunehmen und sie, nicht besser aber auch nicht schlechter als andere, zu erfüllen. Das eigene Karma akzeptieren und das tägliche Leben so zu nehmen, wie es ist. Sich weder unterkriegen zu lassen, noch sich zu wichtig zu nehmen, sondern mit dem größtmöglichen Gleichmut reagieren, ohne unnahbar zu sein. Denn durch eine Reserviertheit isoliert man sich leicht vom täglichen Leben.


Ein Problem, dem die Suchenden in Zeiten des Weltdrucks gegenüberstehen, besteht auch darin, Sinn für richtige Proportionen zu haben. Ein Gleichgewicht zwischen der Tätigkeit des inneren und der Tätigkeit des äußeren Menschen zu erreichen, was aber gar nicht so leicht ist. Nämlich dann, wenn, wie in unseren Tagen, die Qual der Welt und die Katastrophen sich häufen, sich dem Suchenden noch ein zusätzliches, ein drittes Problem gegenüberstellt. Und je größer seine Fähigkeit ist, schon vieles zu begreifen, umso stärker wird er den Druck und den Schmerz empfinden. Je weiter er auf dem

Pfad ist, umso heftiger ist seine Fähigkeit zu reagieren, umso mehr denkt und plant er für die Zukunft und umso größer ist die Klarheit, mit der er eine bevorstehende Möglichkeit beurteilen kann.

So können in einem Menschen die unterschiedlichsten Ausrichtungen zusammenwirken:
- der innere Jünger, der bewusst auf die Hierarchie und das geistige Leben ausgerichtet ist,
- der geschäftige, äußere Mensch, der von seiner vielseitigen Tätigkeit völlig in Anspruch genommen wird und der oft auch noch bereit ist, nationale Verantwortungen auf sich zu nehmen,
- und der leidende und gefühlvolle Mensch, den die Qual der Welt oft verwirrt macht, der schmerzhaft auf den Kummer seiner Mitmenschen reagiert und entsetzt ist über die schrecklichen Ereignisse in der heutigen Welt.

Durch diese dreifache Art der Begegnung mit dem Leben, die jeder wahre Suchende erlebt, bietet sich die Möglichkeit, individuell einen kleinen Teil der hierarchischen Verantwortung zu üben und zu übernehmen. Denn die Verwicklungen durch unsere dreifachen Reaktionen auf das Leben schaffen Situationen, die wichtige Schulungssituationen sind. Darum sollten diese auch angenommen und keine von ihnen als Entschuldigung für eine Inaktivität, in anderen Bereichen des Lebens, benutzt werden.

# DAS LEBEN IST LIEBE UND WUNDER

Das Leben ist ein verkörpertes, göttliches Licht, aus göttlicher Liebe, die uns ermöglicht, eine vollkommene Liebe in einem unvollkommenen Leben zu erleben, das unendliche Leben in einem endlichen Leben zu erfahren. Erkennen, dass das Leben ein Widerhall von dem ist, was in unserem Innersten klingt.

Am Anfang des Lebens, in den jungen Jahren, erleben wir noch viele Wunder. Wir suchen hoffend, unter jedem Baum, an jedem Fluss und hinter jeder Biegung des Weges, einem Wunder zu begegnen. Doch, in einer Welt, in der die meisten Menschen ihre spirituelle Herkunft schon längst vergessen haben, begannen auch wir, unsere Träume zu vergessen.

Eines Tages erleben wir doch eine flüchtige Wahrnehmung und begegnen einem hell schimmernden Lichtschein. Denn die Wunder geschehen, wenn sich unser Herz und Verstand für das Göttliche öffnen. Die Wunder des Lebens sprechen die Sprache der Seele, nicht die Sprache des Verstandes. Unser Intellekt ist eingeengt und eingegrenzt, wenn wir die Beweisbarkeit der dichtphysischen Welt verlangen. Der durchsichtigen Materie, der ätherischen Welt, können wir nur mit einem erweiterten, intuitiven Wissen begegnen, sie nur mit unserer Seele erleben und verstehen.

Und doch sehnen wir uns nach Wundern, weil unser Zweifel dringend Hilfe braucht. So erleben wir manchmal diese unerklärlichen Geschehnisse, die uns auch zutiefst erschüttern. Weil jedes Wunder uns daran erinnert, dass wir nicht allein sind, dass wir keine vereinzelten, isolierten, fleischlichen Kreaturen sind. Jedes unerwartete Erlebnis zeigt uns, dass wir Geist sind, eins mit dem göttlichen Geist und dieser Teil in uns kann auch von der sichtbaren Welt nicht eingegrenzt werden.

Das Leben ist Liebe und Wunder, doch nur in dem Ausmaß, wie wir dafür offen sind. Ein Wunder ist immer eine Antwort Gottes auf unsere Bedürfnisse, auf unsere Bitten und Gebete, es ist ein Geschenk, wenn wir bereit sind, es zu empfangen. Gott möchte uns immer wieder Wunder vermitteln, doch wir sollten *in uns Raum dafür haben*, wir sollten bereit sein für das, was Er uns schenken möchte. Denn *es sind unsere erdigen Hände, durch welche der Geist wirken möchte, es ist unser Atem aus unserem erdigen Körper, durch welchen der Geist uns lehren möchte, und es sind unsere erdigen Füße, durch welche der Geist, durch uns, mit dem Leben, in eine bewusste Verbindung treten möchte.*

Führt uns der Weg durch schwierige Zeiten, bittet uns der Himmel, dass wir unsere Liebe der Welt schenken. Sind unsere Wege schwierig, haben wir die Möglichkeit, mit unserem göttlichen Feuer, mit der Kraft unserer Liebe, für die Welt „Wunder" zu vollbringen.

Wenn auf unseren Wegen das Wachsen nicht mehr möglich ist, wird das „Schicksal" unsere Wege verändern. Erleben wir die Zeiten, wenn wir uns auf unseren Straßen allein fühlen, werden wir eines Morgens einen „Sonnenaufgang" erleben.

Ein Licht wird uns berühren, unseren Körper erhellen, um uns mit Freude zu durchströmen. Das Licht hat die Fähigkeit, die von den Gedanken gebauten Versperrungen zu durchbrechen und unsere Seelen die Lichtwunder erfahren zu lassen.

Denn immer, wenn die göttliche Liebe das Leben berührt, verändern sich unsere Wege. Manchmal werden unsere Blicke in eine neue Richtung gelenkt, um das wahrzunehmen, was wir vorher noch nicht sahen. Manchmal erleben wir Schmerzen, wenn das in Bewegung gebracht wird, was längst nicht mehr in der Bewegung war oder das eins werden lässt, was sich bis jetzt noch gegenüberstand.

Die Liebe hat die Fähigkeit, das Leben in ein Feuerwerk zu verwandeln, damit wir durch die leuchtenden Strahlen erkennen, dass das Leben selbst, ein strahlendes Wunder ist!

Das große Wunder des Lebens ist: *Der spirituelle Geist und Körper erfüllen sich einander. Um an diesem heiligen Wunder teilzunehmen, brauchen wir nur die Hand zu ergreifen, die uns gereicht wird.*

# III. AN DER SCHWELLE EINES NEUEN ZYKLUS


## WIR LEBEN AUF EINER SICH ENTFALTENDEN ERDE

Das, was uns umgibt, ist eine werdende Welt, die in ihrer Unfertigkeit schon seit Millionen von Jahren brodelt, ihr Äußeres ständig verändernd. Sieht es in uns anders aus? Mit wie vielen Körpern und durch wie viele Vorhaben versuchten wir schon, einen schöpferischen Beitrag zu leisten? Wie oft übten wir schon die Wandlung und erlebten die Freude des Sieges wie auch die Schmerzen der Niederlagen?

Eine göttliche Flamme brennt in uns und unser Körper ist aus denselben Elementen wie unsere Erde. Auch unsere feinstofflichen Ebenen sind mit den feinstofflichen Ebenen der Erde verbunden. Ist es dann ein Wunder, dass in den Zeiten der Wandlung, wenn ein Gongschlag für einen neuen epochalen Schritt ertönt, alle Ebenen und alle Elemente in Schwingung geraten, ob tief in uns drinnen oder draußen in der Welt.

Die enge Zusammengehörigkeit zwischen Menschen und Erde war noch nie stärker spürbar als jetzt. Als würde uns die Materie vor Augen führen und uns bewusst machen, was an uns innerlich zerrt, uns innerlich unglücklich macht. Denn, wir verschmutzen nicht nur die Gewässer, gehen nicht nur mit der Luft, der Erde gedankenlos um. Wir achten weder auf den Körper der Erde noch auf unseren eigenen.

Die jetzige Zeit lehrt uns und gibt uns die Möglichkeit, sowohl die Welt als auch uns selbst neu zu verstehen. Himmel und Erde helfen uns, um endlich zu begreifen, dass der Herzschlag der Welt nur ein Echo auf das ist, was in unserem eigenen Herzen pocht.

Die uns berührenden Energien, den Sog der Evolution, erleben wir wie große Wellen, die uns in zyklischen Abständen mal die Höhen, mal die Tiefen des Menschseins erfahren lassen. Es sind Zeiten, in denen unsere Gedanken, unsere Gefühle und unsere Wahrheiten sich so ziemlich verändern.

Und wir werden mehr und mehr ein Teil dieser umformenden Wellen des Schicksals. Unser physischer Körper ist empfänglich, unsere unsichtbaren Hüllen sind durchlässig und wir sind mit der Welt in einem ständigen Austausch verbunden.

Unser eigenes magnetisches Feld kommuniziert mit den uns umgebenden Feldern. Wir stehen in permanenter Wechselwirkung mit all den Menschen, Tieren und Pflanzen, unabhängig von unserem Wünschen und Wollen, unabhängig von unserem Denken und Handeln, wir kommunizieren mit der uns umgebenden Welt. Das lässt uns mit bestimmten Menschen, Orten und Gegenden glücklich sein und uns wohlfühlen, aber wir können Begegnungen auch als Dunkelheit und Schwere erleben.

Doch auch wir berühren die Welt. Die Aura, die uns umgibt, die Energien unserer Gedanken wie auch unser Gefühlskörper gehören zu unseren erweiterten Ich-Bereichen und wir strahlen durch sie, ohne es wahrzunehmen. Mit all unseren eigenen elektromagnetischen Feldern strahlen wir genauso, wie die Welt uns bestrahlt. Die elektromagnetische, die geomagnetische wie auch die geistigen Strahlungen, sind der Austausch zwischen den verschiedenen Ebenen des Lebens, wie auch die Kommunikation zwischen Menschen und Kosmos.

In Zeiten, wenn die Welt sich wieder einmal „weiterdreht", verlangt das Leben von uns allen, dass wir mit mehr Intuition und Gespür und mit einer aktiveren Bereitschaft für das Neue offen sind. Die kommenden Zeiten, unsere unbekannte Zukunft, könnten genauso zyklisch sein, wie die Geschehnisse in der Natur es sind.

Die Konstellationen der kommenden Jahre werden unser Leben nachhaltig prägen und verändern. Die Ereignisse und unsere Entscheidungen, somit die Weichen, die wir stellen, werden nicht nur unsere Jetztzeit beeinflussen.

Doch die Zeiten der Wandlungen schaffen Erkenntnisse und ermöglichen die Evolution. Ermöglichen den Blick von einer gegenwärtigen Wertung auf die nächste. Erweitern unseren Horizont und entwickeln in uns ein neues Verständnis von der Welt, von den Menschen und vom Leben. Es lässt uns eine neue Ebene des Bewusstseins erreichen. *Was für ein Geschenk ist es, in solchen Zeiten „dabei" zu sein! Was ist spiritueller, als eine Wandlung zielgerichtet zu meistern?*

## WIR SIND EINE MENSCHHEIT

Zurzeit leben wir in einer multipolaren Welt, verschiedene Weltanschauungen und Religionen bekämpfen sich, und die einzelnen Machtblöcke ringen um Anerkennung und Position. Es scheint, dass wir längst vergessen haben, dass wir eine Welt und eine Menschheit sind. Wie viele Menschengruppen bevölkerten schon durch die Geschichte diese Erde, die wie Wellen der Gezeiten – immer aufs Neue – die Erde bewohnten. Einzelne Völkergruppen, die wie große Wellen kamen und gingen, und jede hatte ihren Anstieg, ihren Höhepunkt und ihren Abstieg.

Wir, als heutige Menschheit, sind Teile einer steigenden Flutwelle und erleben dadurch die ständigen Veränderungen, wachsen in Kräfte hinein, welche die älteren Völker noch nicht besaßen. Dagegen sind wir noch weit weg von der Verwirklichung der Selbstlosigkeit, von den Gefühlen der Zusammengehörigkeit, die in den älteren Zivilisationen als eine Selbstverständlichkeit gelebt wurden.

Die Liebe zu unseren Mitmenschen kann schon allein darauf gründen, dass wir gleichwertige Angehörige ein und derselben Familie sind. Die grundsätzlichste Kraft des Universums ist ja die Liebe. Diese Kraft schmiedete schon die ersten Verbindungen aus den Familienbanden, die sich später zu größeren Gruppen und noch später zu Nationaleinheiten erweiterten. Diese weiterwachsende Kraft wird eines Tages alle Menschen in einer zusammengehörenden Bruderschaft vereinen, denn es ist unsere Aufgabe, die in uns schlummernde, göttliche Kraft der Liebe manifest werden zu lassen.

Heute leben wir die Liebe noch eher als unsere Emotionen, die uns oft lange Zeiten hindurch Opfer unserer Emotionen werden lässt. Es sind die Emotionen, die uns mal hierhin, mal dorthin ziehen, durch freudvolle oder leidvolle Erregungen hin- und hertreibt. Erst, wenn wir versuchen, nicht impulsiv zu sein, und beginnen, unsere Emotionen zu beherrschen, werden wir die Welt mit anderen Augen sehen. Durch das Gemüt können wir das wirklich Vorhandene niemals erkennen. So die Frage: „Sollten wir uns dann nicht auf unsere Intuition verlassen"?

Nein, aber wir verwechseln die emotionalen Impulse mit der Intuition, die etwas grundsätzlich anderes ist. Ein emotionaler Impuls entspringt der Wunschnatur, er reagiert auf einen Reiz unbeherrscht und unbedacht. Die Intuition dagegen entspringt dem geistigen Ich, die eine starke und zielbewusste Energie ist, die einer Forderung ruhig begegnet. Um diese beiden voneinander zu unterscheiden, bedarf es der Überlegung und braucht auch den zeitlichen Aufschub unserer Reaktionen. Denn unsere emotionalen Impulse werden langsam abklingen, während die Intuition in dieser Zeit immer stärker wird.

## WIR HABEN ZWEI VERSCHIEDENE ALTER IN UNS

In einem irdischen Leben wachsen wir nicht nur physisch, wir haben die Möglichkeit, auch seelisch zu reifen, in jedem Leben etwas dazuzulernen. Das physische Leben, der Körper beginnt als Säugling, danach erleben wir die Kindheit und die

Pubertät und später die Stufen des Erwachsenenalters, wenn wir ein hohes Alter erreichen. Genauso erlebt auch unsere Seele ihre Reifung, vom kindlichen Sein bis hin zum inneren Erwachsensein, doch sie braucht dazu unendlich viele Inkarnationen. Die Seelenqualität entsteht ja aus der „Essenz" unserer physischen Erfahrungen.

So wachsen und entwickeln wir uns in jedem Erdenleben, einerseits physisch, anderseits seelisch, also gleichzeitig auf zwei Ebenen. Wir entfalten uns als Persönlichkeit, und auch unsere Seele wird immer reifer. Das physische Alter ist durch unseren Körper ersichtlich, das Alter unserer Seele zeigt sich durch unseren Entwicklungsstand.

Natürlich weist diese „Zweiheit" in uns oft sehr große Unterschiede auf, wie zum Beispiel, wenn wir nach außen hin schon ein erfolgreicher Mensch sind, aber unsere Seele noch ein kleines Kind ist, wodurch auch unser Benehmen einem kleinen Kind ähneln wird. Ist unsere Seele schon älter, wird der Anfang einer irdischen Zeit, in einem winzig kleinen Körper, mit seinen beschränkten Möglichkeiten nicht einfach. Das ist auch der Grund, warum manche Babys so viel schlafen, denn die Seele braucht noch von Zeit zu Zeit die Freiheit.

Dieses zweifache Alter in uns ist der Hauptgrund dafür, dass wir nicht alle gleich sind und dass wir uns oft nicht so benehmen, wie man das von unserem physischen Alter erwarten könnte. Die Erziehung kann daran nichts ändern, denn eine Erziehung kann nur das hemmen oder fördern, was schon vorhanden ist, aber den Entwicklungsstand der Seele kann sie nicht verändern. Darum ist nicht das physische, sondern das innere Alter entscheidend, wozu ein Mensch fähig oder bereit ist.

So verrät unser Verhalten wie auch unsere Mentalität unser inneres Alter. Unsere innere Haltung, unsere Einstellungen, unser Tun und Denken, Vorstellungen, Interessen und Gewohnheiten, sind mit der Reife unserer Seele verbunden. Für ein kindliches Benehmen sind die Eigenschaften: die Egozentrik, die Ich-Bezogenheit und die Erwartungshaltung von Liebe und Geschenken, das Festhalten an Vorstellungen und die Identifikation mit dem Besitz. Aber auch die Kampflust und die Rechthaberei, die Aggressivität und Destruktivität oder deren Kehrseite, das Selbstmitleid und die Sentimentalität, Wehleidigkeit und in deren Folge die Rachsucht und der Hass. Dies alles sind klare Symptome einer kindlichen Eigenart.

Innerlich reif zu werden braucht einen langen Entwicklungsweg, braucht Tausende von Leben, bis wir zunehmend einsichtig, liebesfähig und hilfsbereit werden und nicht mehr ausschließlich an uns selbst denken. Der Weg der inneren Wandlung ist lang, und wir brauchen all diese Prozesse der Reifung, um dadurch erwachsener und reifer zu werden.

Vor allem ist es die Liebesfähigkeit, die für unsere Mentalität ausschlaggebend ist. Lange Zeiten hindurch wollen wir – wie kleine Kinder – *nur das lieben, womit wir uns auch identifizieren,* und uns eins fühlen können. Die nächste Stufe ist dann die besitzergreifende Liebe, wenn das, *was wir lieben, nur uns gehören soll,* und die nächste Station ist das sogenannte Niemandsland der Liebe, wo *wir niemanden brauchen, niemanden lieben* und uns selbst genügen. Die echte Liebesfähigkeit beginnt erst, wenn wir anfangen, uns anderen gegenüber zu öffnen und, wenn notwendig, uns schon zurücknehmen können.

Jede einzelne Stufe ist eine Strecke auf dem Wachstumsweg, und wir können keine einzelne auslassen, denn, indem wir auf einer Sprosse der Leiter stehen, bereiten wir uns damit auf die nächste vor. Und wir sind nicht nur alle gleich, wir gehen alle auch auf demselben Weg. Auch, wenn jemand in seiner inneren Entwicklung auf der gleichen Stufe steht wie wir oder noch nicht oder sogar schon viel weiter?

Die meisten von uns – auf unserer Erde – sind junge Seelen. Die große Ungleichheit unter den Menschen besteht in ihrem unterschiedlichen inneren Reifegrad. Genau das gibt uns die Gelegenheit, voneinander zu lernen. Nur, wir verschließen noch unsere Herzen gegenüber unseren Brüdern, wenn sie zu einer anderen Rasse, einem anderen Stand oder einer anderen Nation gehören. Doch aus der Warte der Seele sind das alles nur sehr oberflächliche Unterschiede. Unser aller Leben fließt aus derselben Quelle, wir alle sind Teil einer großen Familie und unsere Wege zur Reifung führen uns auf denselben Weg.

## FRIEDE IN DER WELT SCHAFFEN

Friede unter den Ländern dieser Erde wird allgemein als die Aufgabe und als die Verantwortung der Politiker betrachtet. Aber kein Politiker ist alleine in der Lage, den Weltfrieden zu sichern. Schon seit Jahrzehnten unternehmen viele Nationen große Anstrengungen, um Frieden zwischen den Völkern zu erreichen, aber ohne einen wirklichen Erfolg.

In zwischenmenschlichen Erfahrungen spielt die Religion eine wichtige Rolle. Die Religion prägt die Sichtweisen der Menschen und ist beteiligt an der Entstehung von Konflikt und Hass. So war die Religion schon immer, direkt oder indirekt, Ursache für Unruhen und Kriege auf dieser Welt. Nur *wäre es wichtig, zu erkennen, dass die Wurzeln dieser Probleme nicht in den Religionen selber, sondern im falschen Verstehen der Religionen liegen.*

Was ist überhaupt Religion? Die Religionen weisen die Wege zu Gott. Unsere Seele ist ja ein Teil von dem einen, allumfassenden, allmächtigen Schöpfer, auf dem suchenden Weg zu Ihm sprechen wir von Religionen. Auch jeder spirituelle Mensch hat dieses Ziel, nämlich, sich mit der höchsten Quelle des Geistes zu verbinden. Mit diesen Grundgedanken hätten wir auch keine Differenzen zwischen den Menschen.

Unser Problem: Die göttlichen Botschaften werden entsprechend dem jeweiligen Verständnis und nach den verschiedenen Meinungen interpretiert, wie etwa der Weg zu Gott entsteht. Jede Religionsgemeinschaft – ob Christen, Muslime oder Hindus – hat ihren, nach ihren jeweiligen Erkenntnissen geschaffenen Weg. Das heißt, wir alle setzen unsere eigene Vorstellung von Gott in die Welt. Doch der große, schöpferische Geist des Universums hat unendlich viele Erscheinungsformen und widerspiegelt sich in allem, was lebt.

Alle unsere Seelen sind ein Teil von Ihm, wodurch wir Menschen alle Geschwister von dem einen, gemeinsamen Vater sind. Wie leicht könnten die Religionen die Grundlage für eine weltumspannende Liebe sein! Aber, wir haben verschiedene Bilder von der „Treppe" Richtung Himmel entworfen und verteidigen die einzige richtige, was unweigerlich Zwietracht und Spaltung bewirkt.

Würden wir die heiligen Schriften der verschiedenen Religionsgemeinschaften in die Hände nehmen, könnten wir feststellen, dass sie alle annähernd dasselbe Wissen um das Göttliche beinhalten. In manchen Fällen weisen die einzelnen heiligen Schriften sogar solche Ähnlichkeiten untereinander auf, dass man den Eindruck haben könnte, es handle sich um eine Übersetzung. Das heißt, dass alle in ihrem Ursprung annähernd identisch sind.

Die Unterschiede bestehen vor allem aus den verschiedenen Ritualen und Gebräuchen, die die Polarität zwischen den einzelnen Religionen verstärkt. Aber Gott ist Geist, und wir können ihn nur im Geiste erfahren. Die Rituale sind kein wirklicher Anteil an der spirituellen Ausübung, eher nehmen sie die Aufmerksamkeit von einem bewussten, inneren Weg. Wir töten auch Tiere in der Meinung, Gott damit anzubeten. Auch meinen wir, dass wir Ihm einen Gefallen tun, wenn wir in seinem Namen Kriege führen und bauen zum Zwecke der Anbetung reich geschmückte Gotteshäuser, doch all dies sind immer und nur Äußerlichkeiten.

Auch die unterschiedlichsten Namen, mit welchen wir Gott benennen, bedeuten immer dieselbe schöpferische Kraft, die unsere Entwicklung begleitet. Sie bedeutet die Erde umhüllende göttliche Liebe und Mut gebende Gedanken, die das Gefühl von Hoffnung und Vertrauen schenken. Denn, Gott – oder wie wir Ihn auch nennen – kennt die Mühen des Weges, besonders in den Zeiten der Not, seinen Kindern immer ganz nah.

Was für eine Hilfe ist – auf unseren Wegen – dieses Wissen, dass unsere Seele ein Teil von Gott ist! Nur, wenn wir es schwer haben, fällt es uns nicht leicht, daran zu glauben. Wenn wir jedoch Gott und seine Nähe in der Meditation erfahren, erhalten wir eine neue Stärkung. Alle Religionen gründen sich auf Gotteserfahrungen, doch durch die Organisationen und die weltlichen Strukturen wurden sie klar verändert. So sind die falsch verstandenen Religionen die Hauptursachen für unsere Konflikte in dieser Welt.

Vielleicht könnten wir unsere Verbindung zu Gott mehr durch die Meditation suchen, und würden seine Liebe und hilfreichen Botschaften auf eine ganz persönliche Art erleben.

## UNSERE SEELE IST EIN GÖTTLICHES KIND

Die Zeit ist reif, zu erkennen, dass wir als Seele ein göttliches Kind sind. Wir haben zwar einen Erdenkörper, aber die Antworten, die wir für unseren Weg brauchen, sind in unserem Innersten vorhanden. In unserer Seele sind Wahrheit und

Wissen, und mit ihnen können wir den göttlichen Pfad, den Weg der Meisterschaft über unser Ego, zielsicher beschreiten.

Und doch machen wir uns Sorgen und fragen, was wird mit der Welt? Aber was soll auch sein, die Erfahrungen gehen weiter. Diejenigen, die die Fäden in den Händen haben, bestimmen das nächste Was, wie auch das Wie. Genauso könnten wir auch fragen, warum machen die Menschen das alles mit? Warum steht auch in unserem Land nicht jemand auf, der Einfluss nehmen und sagen könnte „das machen wir nicht mehr mit"! Oder in den Ländern, die Waffen liefern, bei Unternehmen, die mit Grundnahrungsmitteln an der Börse spielen, in den Gesellschaften, wo noch immer die alten hierarchischen Strukturen herrschen? Warum fangen wir nicht bei uns an, mit jedem in Frieden zu leben? Der Kern jeglicher Veränderung beginnt im Herzen, bei jedem Einzelnen von uns.

So wird in den kommenden Zeiten das stattfinden, was wir durch unser Denken und Tun anziehen. Ist uns das bewusst oder folgen wir nur einfach dem gewohnten Pfad? Wir haben äußere und innere Augen, ein äußeres Wahrnehmen und ein inneres Bewusstsein. Welches setzen wir bei unseren diversen Vorhaben ein? Und kommen wir mit unseren Ich-Verwirklichungen nicht mehr weiter, hoffen wir einfach, dass Hilfe kommt, dass jemand uns retten wird, und unsere Welt wieder in Ordnung bringt. Die „Mütter" räumen die Spielzeuge nur für ganz kleine Kinder auf …

Und doch fließt die Hilfe für das „Aufräumen" ständig zu, was die unendlich vielen kleinen und großen Wunder bezeugen. Ob wir sie wahrnehmen oder nicht, hängt nur davon ab, wohin wir schauen. Erkennen wir unsere Eigenverantwortlichkeiten oder nicht? Denn, außer uns selbst, ist niemand für unsere Taten verantwortlich, und unsere Möglichkeiten entsprechen genau unserem inneren Entwicklungsstand. Darum gibt es auch keine Zufälle, keinen zufälligen Lebensweg. Alles, was uns in einem Leben begegnet, ist eine Antwort auf das, was in uns ist. Nichts geschieht jemals nur einfach so! Und, wenn wir uns noch immer und ausschließlich mit unserem Leid identifizieren, sind wir noch zu fest in unseren Persönlichkeitsthemen verankert.

Wie wichtig ist die Erkenntnis, dass wir verantwortlich sind für uns selbst! Wir beginnen uns, wenn auch nur sehr langsam, daran zu erinnern, wer wir sind und worauf es ankommt in unserer jetzigen, so wichtigen Inkarnation. Als Seele haben wir uns vorgenommen, den wahren Frieden auf Erden zu ermöglichen. Doch das, was in den höheren Dimensionen so selbstverständlich erschien, braucht auf der Ebene der Dualität ein ständiges Bemühen.

Unsere Zeit braucht mutige und klar ausgerichtete Menschen, die, mit dem Blick aus dem Herzen, bereit sind, sich für alles, was lebt, einzusetzen, und der Himmel begleitet auch jede einzelne Bemühung. Unsere Zeit verlangt das Loslassen unseres kleinlichen Sicherheitsdenkens, um bereit zu sein: größer, weiter und gemeinschaftlicher zu denken und sich mit der Welt, mit dem Leben zu verbinden und auszutauschen.

Die Zeit ist angebrochen, die vieles, das wir bis jetzt nicht für möglich hielten, möglich macht. Eine neue Zeit möchte entstehen, eine, die wir vor langer Zeit auf dieser Erde schon hatten! Unsere Fähigkeit zur Liebe wird uns stärken und ermöglichen, unsere eigene friedvolle Welt zu erschaffen. Und wenn sich unsere Gedanken und dadurch unsere Strahlungen ändern, wird sich auch das verändern, dem wir im Leben begegnen!

## WENN DAS ICH EINE PERSÖNLICHKEIT WIRD

Es ist ein langer Weg, bis unser Körper für die Seele „brauchbar" wird. Über geraume Zeiten hinweg sind wir entweder denk- oder gefühlsbetonte Personen und betrachten den sichtbaren Erfolg als das Wichtigste in unserem Leben. Wird ein bestimmter Teil unseres Wesens besonders wichtig, wird er auch überall die anderen dominieren. So ist es kein Wunder, dass die Seele viele Jahrtausende braucht, bis sie unser physisches Ich, als Werkzeug, einigermaßen in Gleichklang bringt.

Die sogenannten Lebenskrisen sind unsere Möglichkeiten, die alten, in uns noch stark vorhandenen Vorlieben, die mitgebrachten Bedürfnisse und Ängste, endlich loszulassen. Das Schicksal hilft uns auf diese Weise und ermöglicht immer einen Neubeginn. Spätestens um die Lebensmitte lässt es uns erkennen, dass es Zeit wäre, den inneren „Ruf", die Seele zu hören und in die vorgenommene „Richtung", endlich einzusteigen. Doch, wenn in uns noch Erinnerungen und Bilder, von einer ganz anderen Zeit, von ganz anderen Gewohnheiten oder sozialen Stellungen leben, werden wir noch immer Mühe haben mit all dem, was das Leben von uns verlangt. Darum benennen wir unsere Erinnerungen, als Bedürfnis, als Notwendigkeit, um unsere Erinnerungen behalten zu können.

Aus diesem Grunde wählen wir als Seele für unsere neue Inkarnation, für unseren neuen Körper, eine Familie, deren stärkste Merkmale identisch sind mit dem, was wir in uns verändern möchten. Jede Familie weist besondere Stärken wie auch Schwächen auf. Diese Komponenten sind der Grund, weswegen wir, sogar durch mehrere Inkarnationen, immer wieder in dieselbe Familie geboren werden. Denn die Erziehung, mit das vorgelebte Beispiel, in uns ein altes „mitgebrachtes Muster" verstärken, dass wir es erkennen, und dadurch bereit werden, es endgültig loszulassen.

Jedes neue Leben ermöglicht, unsere Erfahrungen mit neuen Werten zu ergänzen. Doch haben wir das Gefühl, dass wir nur „wie in einer Ecke" stehen, nur ein Teil unserer Ganzheit leben. Es könnte sein, dass das Schicksal uns bittet, dass wir gerade diese Ecke von uns verändern. Oder sollten wir, nach langer Zeit der Stille eine „Hauptrolle" im Leben bekommen, um durch diesen Prozess des Lernens, wir wichtige uns ergänzende Erfahrungen sammeln.

Das Schicksal führt und lehrt uns. So lernen wir hervorzutreten und zurückzutreten, Mut und Demut zu entfalten und zu üben das, was ist, loszulassen und zurückzulassen. So kann jede neue Erfahrung eine neue Qualität bewirken. Unsere Wege werden immer mehr schöpferisch, und unsere Schritte können immer mehr der Zielrichtung unseres ewigen Ichs folgen.

Wir erreichen mehr und mehr den inneren Gleichklang, und werden immer mehr erfüllt von einer lichtvollen Kraft. Wir werden immer bewusster der eine von den vielen, der die Straße der Liebe, auf dieser Erde, baut.

## RELIGION UND SPIRITUALITÄT

Die menschliche Entfaltung wird von großen Religionen begleitet, die in den unterschiedlichen Entwicklungszeiten der Menschheit, an verschiedenen geographischen Orten der Erde und in verschiedenen Epochen entstanden sind. Das erklärt schon ihre verschiedenen Darstellungen und ihre so unterschiedliche Art und Weise.

Die ewigen Lehren werden für jedes Volk und in jeder Zeit ausschließlich in Symbole gekleidet und niemals direkt formuliert. Die Gesetze sind immer und zu allen Zeiten dieselben. Schon in den vorgeschichtlichen Zeiten, in verhüllten Formen, wurde das mystische Wissen vermittelt. Darum sollte man keine mythologische Geschichte, keinen ägyptischen Papyrus, kein indisches „Olla", keine assyrische Tontafel, keine hebräische Schriftrolle oder christliche Bibel wortwörtlich lesen und wörtlich nehmen. Und doch werden sie, anstatt als symbolische Wahrheiten, wörtlich gedeutet, wodurch ihre wirkliche Bedeutung, im Laufe der Zeit, auch vergessen wurde.

Jede Religion hat eine wichtige lehrende, führende und beschützende Aufgabe und damit eine Mutterfunktion. Doch ihre schwierigste Aufgabe ist, wie es auch für jede Mutter schwer ist, den heranwachsenden „Kindern" gerecht zu werden. Aus diesem Grunde wäre in jeder Religion im Laufe der Zeit eine Veränderung notwendig, wenn eine lehrende Religion, in einer sich verändernden Welt, ihren Aufgaben gerecht werden möchte.

Doch manchmal erscheint es, als seien alle Religionen nur unterschiedliche Sehnsüchte der, in der Materie eingekerkerten, Menschenseele, nach den „verlorenen" himmlischen Sphären. Nur, genau wie der weiße Lichtstrahl, der durch ein Prisma in die verschiedensten Farben zerstreut wird, so wird auch der Strahl der göttlichen Wahrheit durch die Natur des Menschen in die verschiedensten Religionen aufgesplittert. Das gebündelte, klare Licht stellt eine ewige Wahrheit dar, aber in Farben getrennt und im Laufe der Zeit wird die Wahrheit mit immer mehr Wörtern – in menschlichen Irrtum und Unvollkommenheit – verhüllt.

Der Ganzheitsgedanke von Geist, Seele und Körper war im Urchristentum noch vorhanden. Auch Paulus verwendete den Gedanken der Dreiheit in seinen Briefen. Doch später wurde das Wesen des Menschen, durch die römische Kirche, auf Körper und Seele reduziert. Und von nun an gab es, in der Welt nur Gegensätze, nur noch Licht und Schatten, kirchliche und weltliche Macht. Die göttliche Herkunft des Menschen wurde nicht mehr gelehrt, dafür der sogenannte Sündenfall, durch den der Mensch sogar die Verbindung zu seinem Schöpfer verlor. Aus diesem Grunde muss er im „Exil" leben, von wo der Weg der Rückkehr nur durch verdiente Gnade möglich wird.

Die Zeit der Erneuerung begann inmitten des sogenannten »dunklen Mittelalters«, im ausgehenden 15. Jahrhundert. Sowohl die Geistlichkeit als auch in zunehmendem Maße das Volk, begannen mehr Rechte von Kirche und Staat für sich zu verlangen. Schon seit Langem waren neben der Kirche auch die Könige die Hüter des Glaubens. Entsprechend prägten die Religionen das Denken der Menschen, und die Lehre dieser Zeit war, dass der Mensch der Mittelpunkt des Universums ist, und entweder erreicht er die Erlösung oder wird bis in alle Ewigkeit verdammt.

Die Umwälzungen der Neuzeit brachten das vorhandene Weltbild ins Wanken. Kopernikus bringt unwiderlegbare Beweise (was Aristarchos bereits im 3. vorchristlichen Jahrhundert lehrte), dass sich weder die Sonne noch die Gestirne um die Erde drehen. Damit ist unsere Erde zu einem kleinen und unbedeutenden Planeten geschrumpft, der wiederum nur eine von den vielen Sonnen umkreist, die auch nur zu einer von Milliarden Galaxien gehört. Die Menschheit hatte damit die Vorstellung verloren, dass sie den Platz in der Mitte der Welt bislang innehatte. Auch für die Geschehnisse waren nur noch Gott oder der Teufel zuständig, und die Menschheit begann nach einem neuen Verständnis von Gott und der Beziehung zu ihm zu suchen.

Die Zeiten des Erwachens sind die Zeiten, in denen wir bereit sind und beginnen, den eigenverantwortlichen Pfad des Wissens und des Verstehens zu gehen. Die Zeiten des Erwachsenwerdens sind, wenn für uns eine ganz neue Wegstrecke beginnt. Die wirklich „Suchenden" wurden schon immer und in allen Kulturen und Epochen begleitet, und durch die Lehren der alten Mysterien über die kosmischen Gesetze des

Lebens geschult. Die alte Weisheit, das Wissen über unseren kosmischen Ursprung und das kosmische Erbe, war für jeden ernsthaft Suchenden schon immer erreichbar gewesen, in allen großen Religionen, wenn auch nur in den obersten „Kammern", von der Öffentlichkeit versteckt. Diese Möglichkeit ist für die Menschheit bis heute nicht verloren gegangen, denn die großen Gottessöhne kommen und erscheinen immer, wenn unsere Not groß ist.

Spirituelles Wissen vermittelt die Gesetze des Kosmos, die Lehre über die Rhythmen des Lebens. Durch sie lernen wir Eigenverantwortlichkeit, das Erkennen der Wegkreuzungen und die Hilfe. Spirituelles Wissen ermöglicht, das Leben neu zu verstehen, dass unser

Wissensdurst erwacht und unser Suchen nach dem klaren „weißen Licht" beginnt.

Doch die spirituellen Wege des Wissens haben genauso viele, voneinander abweichende Farben wie die Wege des Glaubens. Das spirituelle Wissen hat– auf den Wegen des Alltags – viele „neue Kleider" erhalten. So stellt sich die Frage, welches stimmt für uns, welches kann uns weiterführen? Welche Farbe ist identisch mit unserer eigenen Lichtfarbe? Diese Antwort kann uns aber niemand außer unserem eigenen Bewusstsein geben.

Der Weg ist lang, und irgendwann erkennen wir, dass es die Religionen sind, die uns den Glauben und die Liebe zu Gott vermitteln, und die Spiritualität, die uns das Wissen über die göttlichen Gesetze, den Sinn des Lebens lehren.

Der Weg ist lang, der Glaube und die Fähigkeit zur Liebe sind jener Grund, worauf das Wissen und die Weisheit wachsen können.

## DIE SPIRITUELLE LIEBE IST WIE JEDE LIEB

Wenn unsere Wahrnehmungen sich von der physischen Ebene auch auf die seelische oder sogar auf die geistige auszudehnen bereit sind, wird das, was wir erkennen, uns von Stufe zu Stufe zu immer neuen Wahrheiten führen. Wir beginnen, auch an das zu glauben, was wir mit unseren Augen noch nicht sehen und jener inneren Stimme zu vertrauen, die uns Gedanken vermittelt, auch, wenn wir sie noch gar nicht einordnen können.

Wir leben in ererbten Wahrheiten, die für unsere individuellen Schritte nicht mehr stimmen. Wir tragen einen inneren Zwiespalt in uns, weil unsere innere und äußere Wahrheit nicht mehr identisch ist. Die Folgen sind Unruhe, Unsicherheit und Müdigkeit, weil Körper und Seele zusammengehören und nur in dieser Zusammenarbeit Fortschritte erzielen können. Denn Seele und Körper, das Bewusste und das Unbewusste, gehören nicht nur zusammen, sie sind auch in einer ständigen Interaktion.

Die Grundessenz der Spiritualität ist, dass der Geist mit der Seele und die Seele mit der physischen Ebene eins werden möchten, doch die Stufen dazu müssen von unten her ausgebaut werden. Den Fortschritt müssen wir wollen und unsere Freiheit, dass wir die Zeit selbst wählen können.

Wir werden angespornt, mit neuen Erfahrungen zu experimentieren, aufgefordert, den Himmel, die Seele und den Geist nicht irgendwo weit oben, in unerreichbaren Höhen zu suchen, weil wir uns hier auf dieser Erde wie Ausgestoßene fühlen. Wir sollten erkennen, dass der Himmel gleich hier neben und über uns ist und seine Bewohner nicht nur unsere Meditationsstunden, sondern auch unseren Alltag mit uns teilen.

Erkenne, dass die spirituelle Liebe wie jede Liebe ist. Solange wir uns nur nach einem Glücklichsein sehnen und nicht bereit sind, es auch in unserem Alltag zu erfahren, wissen wir nicht, was das Wort Liebe wirklich bedeutet. Denn nur mit einer echten Bereitschaft und ohne Wenn und Aber kann man sowohl der wahren Spiritualität als auch der wahren Liebe begegnen. Keins von beiden kann durch eine passive Erwartungshaltung erlebt werden.

Vielleicht haben wir noch nicht wirklich erkannt, dass die Liebe der Grundimpuls des Lebens ist, auf welcher Ebene sie auch gelebt wird. Es ist jene Sehnsucht, deren Impulse auch die Pflanzen und die Tierwelt beherrschen.

Denn erst, wenn wir wirklich liebesfähig werden, werden wir auch die Gleichwertigkeit der Liebe auf allen Ebenen, der physischen bis hin zur spirituellen erkennen, und sich unsere Wahrheit nicht nur auf diese Ebene beschränkt, auf der wir bereits liebesfähig sind.

Denn jede Ebene hat ihre eigene Anziehungskraft. Ein Körper kann nur einen anderen Körper lieben, einer Seele kann man nur als Seele begegnen und Gott können wir nur mit unserer eigenen inneren Göttlichkeit wahrnehmen. Wenn zwei Körper sich begegnen, erleben sie die Liebe physisch, aber wenn sich diese Liebe vertieft, werden sich auch ihre Seelen umarmen können. Doch für solche Erfahrungen müssen wir schon, in uns selbst, diese Tiefen und Höhen bereits erlebt haben.

Auf dem Weg der Liebe gehen wir aus uns heraus durch die Bereitschaft, uns selbst zurückzunehmen, um dadurch mit dem, was wir lieben, eins werden zu können. Auf dem Weg zu uns selbst gehen wir in uns hinein, indem wir bereit sind, unsere eigenen Tiefen auszuloten, um dem wahren Ich zu begegnen. Dies sind anscheinend zwei ganz verschiedene Wege, weil der eine hinausführt und der andere hinein. Doch auf welchem Weg wir auch die Erfüllung erleben, erkennen wir, dass diese beiden, so unterschiedlichen Wege, eigentlich ein und derselbe Weg sind.

Der Weg der wahren Liebe führt zu einer unfehlbaren Selbsterkenntnis, der Weg der Ich-Begegnung zu einer echteren Liebesfähigkeit. Wie wir die Welt auch sehen, welche Wahrheiten auch die unseren sind, hängt letztendlich davon ab, auf welcher Ebene wir lieben.

# IV. MIT LEISER STIMME FÜHRT UNS DIE SEELE

## DIE BESTIMMUNG DER SEELE

Wir sind eine Seele, ein spirituelles Wesen mit der Aufgabe, eins mit unserem physischen Ich zu werden, mit ihm eine gegenseitige und kooperative Partnerschaft zu bilden. Eine Beziehung, wodurch wir mit der Erde wie auch mit dem Himmel eine schöpferische Gemeinsamkeit bilden.

Als Seele kommen wir aus der Unendlichkeit und sind eine individuelle Qualität des Lichts. So lieben wir auch die lichtvollen Weiten und schwingen uns gerne in die höheren Ebenen hinauf, um uns zu stärken und aufzuladen.

Unser Körper ist dagegen aus erdiger Materie und an Raum und Zeit gebunden. Braucht Nahrung und Bewegung, auch Grenzen wegen unserer vielschichtigen Ängste. Viele Leben brauchen wir, bis wir dem Unsichtbaren, dem nicht Manifesten vertrauen können. Und doch brauchen wir uns gegenseitig. Unsere Seele braucht die erdverbundenen Wurzeln und unser Körper das Licht und die Liebe. So kommen wir als Seele immer wieder in unsere Körper zurück, um die Möglichkeit zu haben, unsere Bestimmungen zu erfüllen.

Unsere Seelenbestimmung ist, unseren spirituellen Samen in einen fruchtbaren Boden zu pflanzen, damit er sich verwurzeln und wachsen kann. Die Erfüllung unserer Bestimmung bedeutet, aus unseren Samen Bäume entstehen zu lassen und Früchte hervorzubringen, um mit der Welt zu teilen. Und, indem wir für andere da sind, erweitert sich auch unser Selbst.

Auch die Natur spiegelt alles, was Gott ist. Der Lebenszyklus eines Baumes ist ein klares Symbol einer erfüllten Bestimmung. Der Baum beginnt als Samen, in dem das ganze Potenzial seiner Fähigkeiten schon vorhanden ist. Wird dieser Samen gepflanzt, gepflegt und genährt, wächst daraus ein Baum und aus seinen Blüten werden Früchte.

Unsere Erfüllung, unsere Seelen-Verwirklichung verläuft nach demselben Prozess. Wenn wir unsere schöpferische Wahrnehmung und Empfindungsfähigkeit einsetzen und unsere Talent-Samen lieben, können sie wachsen und reifen und die Früchte der Welt schenken. Ein ausgewachsener Baum trägt jahrelang Früchte, und diese Früchte enthalten dann wieder Samen, woraus die zukünftigen Baumgenerationen heranreifen können. Ein seelenerfülltes, menschliches Wesen wird immer Werte zum Ausdruck bringen, denn es ist eine unsterbliche Seele.

Im Laufe eines Lebens haben wir, in jeder Phase unseres Lebens, die Möglichkeit, unsere „Pflanzen" in ihren verschiedenen Wachstumsstadien zu begleiten. Vielleicht machen wir auch gerade jetzt, in einer Ecke unseres Lebens, wieder einen kleinen „Raum" frei, um neue Samen auszusäen, während wir in einem anderen Bereich in uns bereits die Früchte eines vor vielen, vielen Jahren gepflanzten Baumes ernten.

Damit die Menschheit ihre Bestimmung des Lebens erfüllen kann, gab Gott der menschlichen Seele etwas, das sonst nirgends in der Natur vorkommt: den freien Willen. Denn das ist es, was auch die Kinder von ihren Eltern ersehnen, wenn sie aufwachsen: die Freiheit. Sie möchten hinaus in die Welt ziehen, um sie zu erkunden, zu entdecken und zu erfahren. Sie möchten das ausprobieren, was ihnen mitgegeben wurde. Sie möchten das weitergeben, was wir ihnen gegeben haben. Das erfüllen, was Gott ihnen als Samen eingepflanzt hat.

Eine unermessliche Liebe verlieh der Himmel der menschlichen Seele, ihren freien Willen. Es ist diese Liebe, die wir in uns selbst noch entdecken müssen, um als individuelle Seele in ihrer Grenzenlosigkeit frei und schöpferisch zu werden, um einst eins mit Gott zu werden.

Wir sind zur Freiheit bestimmt und erfüllen die Bestimmung unseres Lebens, wenn wir an jeder Wegkreuzung unsere eigenen Entscheidungen in Liebe treffen.

## JEDE REISE BEGINNT MIT EINEM RUF

Ein Ruf, der aus den tiefsten Tiefen der Seele aufsteigt, vergleichbar der Stimme des Herzens. Erst dann erfolgt der Aufbruch in eine neue Richtung, in ein neues Leben, das Loslassen des Alten, das konkrete Verlassen einer gewohnten Umgebung, verbunden mit einer wichtigen Aufgabe, die es zu erfüllen gilt. Daran schließt sich in der Regel eine Phase an, in der wir Unterstützung bekommen, unerwartete Hilfe, einen Zuwachs an Kräften, doch bald begegnen wir dann auch unserem „Schatten" und wir werden herausgefordert, geprüft und unser wahrer Charakter zeigt sich.

Unser Körper ist das Instrument und er kann nur durch das jeweilige Bewusstsein agieren. Wir sind, was wir denken, fühlen und wie wir handeln. Unsere Körperlichkeit ist der Ausdruck all unserer schon gehabten Lebenserfahrungen. Wir sind eine Ansammlung von Gedanken, Gefühlen, Handlungen und Gebeten, die wir immer schon hatten, ob in diesem oder in einem anderen Leben, und all das ist es, was unsere physische Wirklichkeit beeinflusst.

Denn der Körper ist das Gefährt, unser Schiff, welches die Seele durch das Leben steuert. Alle Informationen sind an Bord, sie sind im Körper gespeichert. Wenn wir es schaffen, ob allein oder mit kundiger Unterstützung, diese Informationen freizusetzen, kann es uns gelingen, Ballast abzuwerfen, um das Schiff beweglicher zu machen.

Darum ist das Erkennen, dass psychisches und physisches Leiden meistens Mittel zur Bewusstseinsveränderung sind, ein wichtiger Schritt auf dem Weg. Doch für viele von uns ist Spiritualität noch etwas, was, wie auf einer Leiter, transzendental, körperlos und nur durch Meditation direkt in den Himmel führt. Nur haben wir dabei die Wichtigkeit der „Abstiegsmysterien" vergessen. Vergessen, dass es eigentlich darum geht, immer mehr auf dieser Erde anzukommen, das Geschenk, als Seele in einem Körper zu sein, anzunehmen. Die Mythologie, die Mythen vieler Kulturen sind es, die uns helfen und uns wertvolle Hinweise für ein Neuverständnis unserer inneren Wirklichkeiten geben. Sie helfen, Prozesse und Phänomene des Lebens zu entschlüsseln, denen wir sonst mit einem großen Fragezeichen gegenüberstehen.

Ein altsumerischer Mythos erzählt die Geschichte von Inanna, der Göttin der Oberwelt, die hinabsteigt in das Reich der Toten, um ihrer Schwester Ereshkigal, die über das Totenreich herrscht, zu kondolieren, weil sie gerade ihren Gatten verloren hat und außer sich vor Trauer, Verzweiflung und Wut ist. Als Inanna die Unterwelt betritt, verfügt Ereshkigal, dass sie genauso behandelt wird wie alle anderen, die ankommen. Als Erstes muss sie beim Abstieg durch die sieben Tore, die „Shugurra" abgeben, ihre Krone, die es ihr ermöglicht, „weit in den Himmel zu reisen". An den folgenden Toren muss Inanna ihren Schmuck, ihre Kleidung, eins nach dem anderen ablegen, bis sie schließlich wie ein Stück verrottetes Fleisch auf einen Pfahl gespießt wird. Inanna ist dem Tod geweiht und ihre Vertraute Ninshubur setzt alle Himmel in Bewegung, um sie aus dieser misslichen Lage zu befreien. Doch egal zu welchem Gott sie auch geht, keiner kann helfen, denn deren Kräfte reichen nicht bis in die Unterwelt. Schließlich landet sie bei Enki, einer Gottheit, welche in Verbindung mit dem Wasser des Lebens und den Mondkräften steht. Sie ist eine kreative Gottheit. Enki erschafft aus dem Dreck unter seinen Fingernägeln zwei kleine Wesen, denen er Leben einhaucht. Eines wird mit dem Wasser des Lebens ausgestattet und eines mit der Nahrung des Lebens. Diese beiden Dreckkrümel passieren wie zwei kleine Fliegen die sieben Tore und das Drama nimmt eine Wende. Die Krümel hören dem Leiden der Unterweltgöttin Ereshkigal voller Mitgefühl zu und unterstützen sie in ihrem Trauerprozess. Dafür werden sie schließlich von ihr mit der Erfüllung eines Wunsches belohnt. Die Krümel fordern den fast leblosen Körper von Inanna als Belohnung und bekommen die Göttin frei.

Das ist der Mythos in Kurzform, aber das, was er anspricht, geht weit über das Gesagte hinaus. Er symbolisiert den Abstieg in die „dunkle Nacht der Seele", der einen ganz bestimmten Punkt auf dem Entwicklungsweg markiert. Er kennzeichnet eine Phase auf dem spirituellen Weg, in der trotz aller schon erfahrenen Erleuchtung und Göttlichkeit eine tiefe Sinnkrise stattfindet und all die vorhandenen Fähigkeiten nicht mehr spürbar und wirksam sind. Es sind Zeiten, in denen möglicherweise die allerletzten Reste des Egos verbrannt werden. So landet auch die Göttin Inanna in einem Bereich des Basis-Chakra, wo es um das reine Überleben geht.

So sind auch die in unserer Zeit stattfindenden Prüfungen/Einweihungen große Wendepunkte des Lebens. Sie begegnen uns in Ehekrisen, Arbeitslosigkeit, Kinder- oder Elternproblemen, materiellen oder emotionalen Verlusten – doch eigentlich wird unser Geist geprüft. So führt der Weg durch das scheinbare Alleinsein und wir lernen die Leere, das Alleinsein anfänglich nur auszuhalten, später aber auch lieben und schätzen und, in dem anscheinend Sinnlosen, den Sinn zu erkennen. Auf dem Weg bis hierher lernten wir schon lange, unsere Bedürfnisse nach materieller Sicherheit aufzugeben, nun lernen wir auch, das Bedürfnis nach spiritueller Sicherheit zurückzulassen. Denn erst, wenn die Möglichkeit für die äußere Verankerung nicht mehr gegeben ist, beginnt der Weg zu uns selbst, zu unserer eigenen Quelle der Göttlichkeit.

Und langsam entsteht eine neue Gleichwertigkeit, ein Gleichklang zwischen Geist und Körper und wir lassen uns im Zentrum unseres Seins nieder, dort wo immer Stille und

Ruhe ist, wie im Auge des Hurrikans und von wo aus der Verbindung, sowohl zum Himmel als auch zur Erde, so einfach und klar ist.

## WIR SIND EIN TEIL DES UNENDLICHEN KOSMOS

Um die Welt, in der wir leben, zu verstehen, müssten wir als Erstes versuchen, uns selbst zu verstehen! Aber, um uns selbst verstehen zu können, müssten wir auch die Welt, in der wir leben, verstehen. Eine Welt, die ein Universum voller Leben ist, das in unterschiedlichen Dimensionen wirkt. Somit sind auch wir ein Teil eines multidimensionalen Lebens.

Heute gibt es schon einzelne Pioniere, sowohl in der modernen Wissenschaft als auch in der Esoterik aber auch in der Theologie, die sich dieser uralten Erkenntnis der Ganzheit nähern, ähnlich wie Wanderer, die versuchen, denselben Berggipfel, nur von unterschiedlichen Seiten, zu erreichen, um sich dort zu treffen. So stoßen sie auf dem Höhepunkt– als neuste Erkenntnis – auf das älteste Wissen, das der Menschheit offenbart wurde. Damit beginnt man zu verstehen, wovon die Weisen der alten Hochkulturen sprachen.

Denn bereits in den alten Sanskritschriften finden wir die umfassendste Darlegung über die Zeugnisse einer fernen Vergangenheit. Doch die Weisheit dieser vergangenen Epochen wurde erst in unseren Tagen entdeckt, was natürlich kein Zufall ist, schließlich ist die Vergangenheit ein Spiegel der Zukunft. Und, wie schon so oft, steht der Mensch auch heute vor entscheidenden Bewährungsproben. Die Geschichte wiederholt sich in rhythmischen Schritten, genauso wie alles in der Natur. In Betrachtung der heutigen Weltlage könnte man leicht auch Schlimmes vorausahnen, doch trotz oder vielleicht gerade wegen der Vielzahl von Krisen, zeichnet sich auch viel Hoffnungsvolles ab, angefangen mit den zunehmenden Protesten gegen die wachsenden materialistischen wie auch religiösen Dogmen. Auch immer mehr Menschen werden für die spirituellen Themen empfänglich und setzen sich für eine ganzheitliche Welt ein.

Und doch fragen noch viele: „Wo ist Gott, warum erscheint Er nicht und sagt ´Hört endlich mit eurem gegenseitigen Bekämpfen auf´!" Denn wenn es wirklich einen Gott gibt, warum lässt er dieses Chaos und Leid zu, warum erscheint er nicht, um Ordnung zu machen?

Doch muss Gott erscheinen, um seine Hilfe zu beweisen? Kann der Mensch nur das glauben, was er sieht, und würde er dann auch glauben, was er sieht? Wie die Geschichte gezeigt hat, nicht immer. Der Mensch glaubt ja nur, was er glauben will! Und, selbst wenn der Herrgott vor einem Menschen stünde, würde er es wahrscheinlich auch nicht wahrhaben wollen!

Gott muss gar nicht mehr erscheinen, er ist ja bereits auf dieser Erde gegenwärtig, und sobald wir uns für die höheren Realitäten öffnen, werden wir auch die feinstofflichen Dimensionen, die Welten der helfenden Geister, sehen. Wenn sich unser Bewusstsein erweitert, werden sich auch unsere Erkenntnisse und unser Verständnis für die größeren Zusammenhänge erweitern. Wie eine alte Geschichte erzählt, so lehrte einst ein Vater seinen Sohn, indem er sagte:

„Erkenne das Wahre und du wirst das Ungehörte hören, das Ungedachte denken und das Unerkannte erkennen." Der Sohn verstand den Vater nicht, worauf der Vater ihn bat, ihm eine reife Feige vom Feigenbaum zu bringen. Dann sagte er wieder: „Diese Frucht enthält ein Geheimnis, schneide sie entzwei und sage mir, was du siehst?" „Ich sehe nichts Vater", antwortete der Sohn. Worauf der Vater entgegnete: „Schau genau hin und erforsche das Geheimnis." „Ich sehe noch immer nichts, sagte der Sohn. Da sprach der Vater:

„Du siehst und siehst doch nicht, und so, wie du das Samenkorn betrachtest, ohne den werdenden Baum darin zu sehen, so liest du auch die heiligen Schriften, ohne ihren Sinn wirklich zu verstehen. Auch in Gottes Worten ist der Sinn genauso verborgen wie der Baum im Samenkorn oder die Energien Gottes im ganzen Universum und in allem, was lebt. Denn Gott wirkt überall, und diese spirituelle Kraft, die du mit den Augen nicht siehst, lässt einen Feigenbaum aus dem kleinen Samen wachsen. Ebenso entsteht alles, was ist, aus dieser göttlichen Kraft. So ist dieser Geist auch unser eigenes Selbst, unser wichtigstes Ich, denn, das Wichtigste ist immer unsichtbar."

So zieht die Eigenart unseres ewigen Ichs jenes Schicksal für uns an, durch welches wir lernen, mehr und mehr ein nützlicher, ein helfender, ein verstehender oder einfach ein strahlender Teil dieses unendlichen Kosmos zu werden.

## DER WILLE IST EINE KREATIVE KRAFT

Der göttliche Wille, der alles Leben hervorruft, ist in allen Formen der wirkende Geist, der pulsierende Rhythmus, das ständig wachsende Leben. Und wenn die schöpferische Kraft, wie ein fürsorglicher Vater, uns doch durch Schicksale führt, die unsere Vorstellungen, Gewohnheiten und Wünsche vernichten, wird unsere Einstellung das Entscheidende sein, ob wir diese Berührung als „Gefahr", als „Bedrohung", als „Einengung" unseres eigenen Machtbereiches betrachten werden.

Wir alle – sowohl als Einzelne als auch die gesamte Menschheit – erleben manchmal Zeiten, in denen, wie bei einem starken Sturm, Altes, Enges, Verhärtetes und Abgesondertes verändert wird, wenn unsere Schritte für die Wege der Seele schon hinderlich geworden sind. Wenn wir noch immer in alten „Formen" leben, die ihre Zeiten schon längst überdauert haben. Doch im „Willen Gottes" die Fürsorge zu erkennen, fällt uns heute noch schwer. Das ist auch einer der Gründe, warum eine rein materialistische Zivilisation entstanden ist, die die Werte in der sichtbaren, vom eigenen Willen übersichtlichen Welt sucht. Das Ziel menschlicher Bemühungen betrifft heute fast ausschließlich: das physische Wohlergehen, die Bequemlichkeit und die Freude am materiellen Besitz.

Zwei Willen leben heute in uns. Auf der einen Seite – durch unsere Seele – ist die, den Fortschritt und das Wachstum unterstützende kosmische Willenskraft, und auf der anderen Seite unsere selbstbehauptende, mit Festhalten beschäftigte eigene Willensenergie. Mit ihr lernen und üben wir, unser eigenes „Feuer des Willens", durch all die Konfrontationen durchzusetzen, unser „Schwert", das heißt unseren Mut, Kraft und Entscheidungsfähigkeit, durch das Feuer der Erprobung zu stählen.

Ein starker Willensimpuls ist ein starker Vitalstrom, eine Fähigkeit und Bereitschaft zum Kämpfen, um unsere wichtigsten Ich-Bereiche zu unterstützen. Denn der Wille, der den höchsten göttlichen Aspekt darstellt, repräsentiert auch in uns den höchsten und stärksten Lebensausdruck. Er zeigt, wo wir im Leben die Werte setzen, was in unserem Leben das Wertvollste ist. So wird es verständlich, dass in den Zeiten der Änderungen vor allem jene Mauern als erste einbrechen, die wir, mit unseren stärksten Energien, noch immer aufrechterhalten möchten.

Oder sind unsere Energien des Willens, in diesem Leben, noch gar nicht erwacht? Ist dieser so wichtige Lebensimpuls in uns noch durch eine „alte Angst", und damit durch eine unbewusste „Weigerung" für dieses Leben, noch blockiert? Eine mit Angst verbundene unbewusste Erinnerung kann durch viele Leben lang verhindern, dass wir unseren eigenen Willen einsetzen, dass wir für unser Leben die Eigenverantwortung übernehmen.

Dagegen ist der Ehrgeiz eine der „dichtesten" Formen des Willens. Er ist ein Lebensimpuls – für Nahrung, Wohnung und dafür, all das „Notwendige", für sich und für die Seinigen zu erringen – der beim Urzeitmenschen schon derselbe war wie heute beim modernen Geschäftsmann, der den Gipfel finanziellen Gewinnes anstrebt. Nur, unsere Entschlossenheit und Konzentration, mit einem enormen Kraftaufwand, dient heute vor allem für die Befriedigung unseres materiellen Verlangens.

Erst nach langen Zeiten der Willenseinsätze wird in uns ein Gefühl des Überdrusses entstehen, woraus der Wunsch erwachen kann, die Energien des Willens auf „eine höhere Oktave" zu heben. Ein Bestreben, dass wir unsere Energien „schöpferisch", und auch zum Wohle anderer, einsetzen. Das wird der Beginn jenes Weges sein, auf dem wir ein bewusstes, geistiges Wachstum, nicht nur für uns, sondern auch zum Fördern anderer, einsetzen möchten.

Die Schritte des geistigen Wachstums führten, in den vergangenen Jahrtausenden, auf die Wege des „Glaubens". Daraus entwickelte sich ein Verlangen nach den göttlichen Qualitäten und wir lernten, mit unserem ganzen Willen, einem Glauben zu dienen, uns einem Glauben ganz hinzugeben. Als nächsten Schritt ermöglicht uns unsere Jetztzeit die Freiheit, dass wir die Wege unseres Wachsens selber wählen dürfen. So lernen wir, ein immer bewussteres und innovativeres Leben zu führen, wodurch die Impulse des göttlichen Willens unsere konzentrierten Denkbereiche befruchten. So möchten wir auch nicht mehr in einer erwartenden Glaubenshaltung verharren und nur kritisierender Zuschauer unserer Welt sein. Unsere erwachende Intuition lässt in uns ein immer weiteres Wissen entstehen und dadurch die Bereitschaft, ein aktiver Erbauer der kommenden Zeit zu sein.

Der Wille, die kreative und gestaltende Kraft, ist Mut und Bereitschaft und auch die Fähigkeit, Grenzen zu überschreiten. Unser Wille lehrt uns, die Angst vor einer Veränderung zu überwinden und zu erkennen, dass bei all unseren Schritten es immer die Seele ist, die lernt, ihre Wege zu gehen. In jedem Leben und in all den Stadien eines Lebens ist es immer die Seele, die Erfahrungen machen und dabei wachsen möchte. Und wenn wir unsere Illusionen, dass das Ziel des Lebens die „Materie" ist, schon loslassen konnten, wird uns „das ewig werdende Leben" nicht nur bewusst, wir werden auch fähig sein, das ständig wachsende Leben mitzugestalten.

Der Wille ist göttliche Schöpferkraft, ist Leben im Keim, ist Gehen und Wachsen, doch wohin er uns führt, wie wir unseren Willen einsetzen – ausschließend oder einschließend, Mauern oder Straßen bauend – wird allein in unserem Herz entschieden.


## DIE WICHTIGKEIT DES SCHLAFES

Der Schlaf ist eine lebensnotwendige Regenerations- und Ausgleichszeit. Im Schlaf werden die Energiereserven des Körpers aufgetankt, der Stress abgebaut und das Immunsystem gestärkt. Wir können uns also gesund schlafen. Doch der Schlaf sorgt nicht nur dafür, dass wir im Gehirn lernfähig und anpassungsfähig bleiben, im Schlaf werden auch unsere Erlebnisse, Gedanken und Gefühle verarbeitet. All das Erlebte wird geordnet und für das Bewusstsein, für den ganzen Organismus, immer wieder verarbeitet. Unwichtiges wird aussortiert und wichtige und neue Informationen dem Gedankenspeicher zugeführt. Das ist auch der Weg für unsere unbewusste Kreativität, denn wir schöpfen im Schlaf aus dem Vollen! Alle unsere verborgenen Kräfte werden durch den Schlaf geweckt und zu immer neuen Erkenntnissen zusammengefügt.

Das tagsüber Erlebte wird im Unbewussten gespeichert, damit das Unbewusste während des Schlafens mit unserem Bewusstsein in Austausch treten und das Erlebte verarbeiten kann. Aus unserem unbewussten Speicher werden im Schlaf durch die Träume die Signale gesendet und aus diesen, oft nur geahnten Signalen, entsteht im Wachzustand unsere Intuition. Darum sagen wir auch so gerne: „Lass mich noch mal darüber schlafen", was dann heißt: „Lass mein Unterbewusstsein seinen Beitrag dazu leisten".

Träume sprechen in Bildern zu uns, Bilder, die wir seit Urzeiten sozusagen intuitiv kennen und in uns tragen. Allerdings müssen wir uns die Mühe machen, ihnen aufmerksam „zuzuhören". Denn Träume sind auch Schäume und schnell wieder weg. Wenn wir nicht gezielt hinsehen und das Geschehene nicht kurz notieren, verschwinden sie wieder ins Unbewusste und können bewusst nicht mehr genutzt werden. Eigentlich wird auch nur ein ganz kleiner Teil unseres Gehirns für unsere bewussten Gedanken verwendet. Sind wir bereit, die rätselhafte Sprache unserer Träume zu entschlüsseln, von unserem Unbewussten zu lernen, erweitern wir die Erfahrungswerte unseres Wachbewusstseins und können so bessere und klarere Entscheidungen treffen.

Bewusstseinserweiterungen – durch ein erweitertes Verständnis der Zusammenhänge – können in uns mehr Ruhe und Gelassenheit bewirken.

Während des Schlafens, „in den Hallen des Lernens", haben wir die Möglichkeit, unser Denken und Fühlen immer weiter zu entfalten. Dafür ist aber entscheidend, mit welchen Gedanken und Gefühlen, mit welcher Haltung wir einschlafen. Schlafstörungen sind Angststörungen, eine Überlastung der Seele, der Gedanken oder des Körpers. Doch nach Lösungen sollten wir am Tag suchen und sie am Abend loslassen! Schlafen wir aber mit den Gedanken aus einer spirituellen Lektüre ein oder mit den Worten aus einem heiligen Mantra, ebnen wir den Weg für Träume, die unsere Gedanken ergänzend erweitern können.

Unsere Schlafzeiten wie auch Gewohnheiten, unser ganzer Lebensstil, werden natürlich entsprechend, ob wir eine „Lerche" oder eine „Eule", ob wir eher ein Morgen- oder ein Abendmensch sind, gestaltet. Denn wirkliches Erleben findet nur in uns selbst statt, nur wenn wir konzentriert sind und uns unseren eigenen Wahrnehmungen und Gefühlen ganz hingeben.

Regelmäßige Meditationen oder Atemübungen, das Musizieren, Singen wie auch das Wandern, sind geeignete Hilfen, wenn wir wirklich innehalten und abschalten möchten. Oder einfach mal gar nichts tun, „nur" eine schöne Landschaft auf uns wirken lassen, um in uns hineinzuhorchen. Um ein Gleichgewicht in uns zu erreichen brauchen wir ständig die Dialoge mit uns selbst. Regelmäßige Einkehr- und Entspannungszeiten, um die eigene innere Stimme besser zu hören, die sonst von Lärm und Hektik, von den vielen Meinungen anderer so oft überschallt ist.

Das Innehalten, um neue Kraft zu tanken, die Gedanken frei schweifen zu lassen und immer wieder alles auszuschwingen, bis wir wieder in unserer Mitte sind, bis Körper und Seele wieder in ihrem gewohnten Lot sind. Unsere Vitalität, unser Selbst-Bewusstsein, aber auch unsere Lebensfreude werden daraus gewinnen, und ganz nebenbei werden sich dadurch auch unsere Ausstrahlung und unsere Wirkungsfähigkeit verändern.

## UNSERE WAHRHEITEN

Unsere Wahrheiten sind mit unserer inneren Entwicklung eng verbunden. Jede Zeit und jede Wahrheit gehört zu einem Entwicklungsschritt. Ob sie durch die Gedanken der Logik, durch die Empfindungen innerster Intuitionen oder aus Glaubenswahrheiten entstanden sind, sie sind immer nur Teilwahrheiten des Weges, die dem Wandel unterliegen. Jede erkannte Wahrheit, auf den Wegen der Entfaltung, ist nur ein Aspekt einer viel größeren und umfänglicheren Wahrheit. Um die größeren Dimensionen zu verstehen, müssen wir noch viel weiter gehen, noch viel weiterwachsen, um die großen Zusammenhänge einer kosmischen Ganzheit verstehen zu können.

Heute brauchen wir noch Sicherheiten und richten uns mit Vorliebe nach Wahrheiten, entsprechend unserem Verständnis. Wir sind noch größtenteils Gefangene unserer Gedanken- und Vorstellungswelt, mit denen wir unsere Barrieren errichten, um all das auszuschließen, was mit unserer heutigen Denkweise nicht identisch ist.

Die Zeit wird aber kommen, da sich unsere inneren Dimensionen erweitern. Wenn wir bereit sind, unsere Wahrnehmungen nicht allein von der physischen Ebene zu akzeptieren, sondern auch unsere Empfindungen von den seelischen und sogar von den geistigen Ebenen annehmen können. Diese Bereitschaft kann uns, Stufe um Stufe, zu immer neuen Wahrheiten führen. Und unsere Wahrheiten verändern sich schon, wenn wir in unseren Gedanken eine größere Dimension des Lebens, eine größere Zeit- und Raumspanne zulassen. Wenn wir uns erlauben, auch an das zu glauben, was wir mit unseren, so stark eingeschränkten, physischen Augen noch nicht sehen. Und, mehr und mehr, jener inneren Stimme vertrauen, die uns sowohl Gedanken als auch Gefühle vermittelt.

Warum haben wir so viel Mühe, auf die inneren Impulse zu hören? Warum haben wir Angst, unsere »Wahrheiten« zu verändern, wenn es für uns innerlich nicht mehr stimmt? Wir leben vor allem in ererbten kollektiven Wahrheiten, die für unsere individuellen Schritte nicht mehr stimmen. Viele von uns sind heute in diesem Zwiespalt, in einem Zustand, in dem die inneren und äußeren Wahrheiten nicht mehr identisch sind. Und doch tragen wir die alten Wahrheiten noch in uns, und nach außen identifizieren wir uns damit, auch dann noch, wenn diese Wahrheit für uns innerlich schon lange nicht mehr stimmt. Die Folgen sind Unruhe, Unsicherheit, Müdigkeit, Unwohlsein und das Empfinden, als wäre unser Körper wie gestaut.

Körper und Seele gehören zusammen und bilden einen aufeinander abgestimmten, wunderbaren Mechanismus, der nur in der Zusammenarbeit Fortschritte erzielen kann. Die Grundessenz der Spiritualität ist, dass sich der Geist mit der Seele vereinen und die Seele mit der physischen Ebene eins werden soll. Unsere Aufgabe ist, diese Verbindung, von unserer Ebene aus zu erbauen. Das Geschenk der Freiheit ist, dass wir selbst bestimmen können, wann wir dazu bereit sind. Wenn für uns die Zeit, für eine aktive und bewusste Zusammenarbeit mit der Seele, da ist, denn wir müssen diese Verbindung auch wollen.

Doch solange wir die Zusammengehörigkeit der physischen und der seelischen Ebenen nicht erkennen und wir sie unterschiedlich bewerten, leben wir in einer Entweder-oder-Haltung und identifizieren uns nur mit dem einen oder nur mit dem anderen Ich-Anteil in uns. Dann teilen wir uns in zwei Ich-Bereiche auf, von denen der eine gut und der andere schlecht ist.

Unser Problem ist, dass wir die Polaritäten des Lebens als Gegensätze und nicht Ergänzendes betrachten. Solange wir die eine Seite des Lebens, und damit auch eine Seite von uns, als gut und die andere als schlecht betiteln, werden wir Mühe haben, die Verbindung mit unserer eigenen Zweiheit bewusst zu vollziehen. Dann fällt es uns schwer, unsere Ganzheit zu erkennen und wir merken nicht, dass sie auch ohne unsere Erlaubnis zusammenwirken.

Seele und Körper, das Bewusste und das Unbewusste, gehören nicht nur zusammen, sie sind auch in einer ständigen Interaktion. Und das gibt uns die Möglichkeit, auf der physischen Ebene Erkenntnisse zu sammeln und das Neue mehr und mehr zuzulassen. So erweitert sich unsere Wahrnehmung und auch das, was wir als „wahr" erkennen können, und die Impulse der Seele führen uns in immer höhere Dimensionen.

# DIE PERSÖNLICHKEIT ALS INSTRUMENT DER SEELE

Unsere Persönlichkeit besteht aus drei Ich-Anteilen. Aus dem Ich als mein Körper, Ich als meine Gefühle und Ich als meine Gedanken. In einer voll entwickelten Persönlichkeit sind diese drei Ichs schon in einer harmonischen Einheit verbunden, und keiner wird wichtiger oder wertvoller als der andere genommen. Die Seele braucht ein einheitliches und in jeder Situation funktionsfähiges Instrument für ihre Wege.

Die Gleichschaltung unserer Dreiheit dauert lange. Am Anfang unseres Weges lieben wir vor allem unseren Körper, mit all seinen Qualitäten, Fähigkeiten und Leistungen, sind vor allem auf unser Körper-Ich stolz. Seit Atlantis sind wir für große Gefühle schon fähig und verbinden wir uns gerne mit der schillernden Gefühlswelt. In einer Welt mit hochschwingenden Emotionen, wo das Gefühls-Ich, von Hoffnung bis Angst, von den hohen Glücksgefühlen bis zur tiefsten Verzweiflung, immer hin- und hergespült wird. Oder, unsere Ich-Identifikation ist in unserer Gedankenwelt verankert, und wir bewerten die Welt kühl und distanziert und haben Mühe mit Nähe und mit dem sich ständig verändernden Leben.

Solange unsere eigene ganzheitliche und individualisierte Persönlichkeit noch nicht entstanden ist, leben wir in den mitgebrachten, aus vergangenen Leben noch in uns wirkenden Gewohnheiten, oder folgen Werten des uns umgebenden und uns prägenden Umfeldes. Weil die Persönlichkeit nicht unser ewiges Ich ist, sollte sie vor allem ein wichtiges Instrument der Seele, durch welches die Seele das Leben erfahren möchte, sein. So sind die Höhepunkte des Lebens, die Zeiten mit unseren Fähigkeiten, nicht für unser kleines Ich wichtig, sondern für das Lebensziel unserer Seele.

Es ist die leise Stimme unserer Seele, die auf die wirklichen Ziele eines Lebens hinweist, und eine strahlende Persönlichkeit zur Veränderung mahnt. Nur, unser stolzes Ich mag solche Forderungen nicht hören, und schon gar nicht erfüllen. Doch die Seele lässt uns immer, dass wir etwas aufgeben sollten, damit unser wirkliches Ich, unsere Seele, wachsen und sich weiterentfalten kann. Vielleicht ist es an der Zeit, den Beruf zu wechseln, sich gedanklich neu zu orientieren, die Gefühle zu ordnen oder ... Ein zunehmendes Gewahr Werden der Seele kann die Krisen der Umorientierung einleiten, die heutzutage so weit verbreitet sind.

Sind wir nicht bereit, die notwendigen Schritte zu tun, ist es gut möglich, dass das Schicksal uns helfen und uns zum Handeln zwingen wird. Dies kann, unter der gegenwärtigen Konstellation, auf eine plötzliche und scheinbar unausweichliche Art geschehen, sodass wir zuweilen den Eindruck haben, unkontrollierbaren Kräften ausgeliefert zu sein. Vertrauen wir jedoch dem Prozess, könnten wir die Erfahrung machen, dass uns lediglich das genommen wird, was uns auf unserem weiteren Weg sowieso nur behindern würde.

Somit haben wir in dieser Zeit eine große Chance, in unsere tiefsten Tiefen einzutauchen und nach dem zu forschen, was uns als Persönlichkeit wirklich ausmacht, was unsere wirklichen Schätze sind und in unserem Leben bisher zu kurz gekommen ist. Es ist natürlich immer wieder verlockend, bei unangenehmen Erfahrungen oder Schicksalsschlägen nach

Schuldigen und Sündenböcken zu suchen und diesen die Verantwortung für unser Los zuzuschieben. Doch das würde uns um eine wichtige Erfahrung bringen und um die Möglichkeit, unsere eigene Kreativität anzuzapfen, unseren Durchhaltewillen zu stärken und an einem reichen Fundus verwandelnder Erfahrungen teilzuhaben.

Die drei Teile des Ichs, das physische, das emotionale und das mentale, lernen durch die Jahrtausende, durch unzählige Inkarnationen, die Einswerdung des Ichs. Denn die Persönlichkeit, als Instrument der Seele, ist ein stellvertretender Akteur auf der Bühne des Lebens. Durch sie kann die Seele, unser ewiges Ich, die Wege der Wandlung und Reifung gehen. Mit der Zeit öffnet sich auch unser Bewusstsein für den Sinn des Lebens, für die Ziele unserer Seele, und wir werden immer fähiger, die von der Seelenebene strömenden, feinstofflichen Energien, zu empfangen. Die Bewusstwerdung ist unser Ziel, das Erwachen unsere Bestimmung, um zu erkennen, dass das Leben sinnvoll ist, und sich auf ein Ziel hinbewegt.

## AUF WELCHE ART LIEBEN WIR?

Lange Zeiten hindurch füllen wir nur Lücken, um all das erhalten, erleben und all dem begegnen zu können, wonach wir uns so sehr sehnen. So könnte unsere „Liebe" anfänglich wie:

- die kindliche Liebe sein, das Urbild der Liebe, wie die Liebe zwischen Mutter und Kind. Eine Liebe, die das Gefühl von Fürsorge und Geborgenheit, das Angenommensein und

Zugehörigsein, weiterhin erleben lässt. Eine Liebe, die viel Zärtlichkeit und ein liebevolles Geben und Nehmen beinhaltet, und dem Muster der frühkindlichen Erfahrungen ähnelt, die wir auch in unseren Beziehungen weiterführen möchten. Aber auch die Ängste und Verletzungen aus unserer Kindheit, wenn sie noch in uns leben, können unsere Beziehungen beeinflussen. Doch was es auch war, was wir in unserer Kindheit erlebten, wie lieb und zärtlich oder wie kalt und herausfordernd dieses Leben uns empfing, es war jener Start, der uns ermöglichte, das zu werden und das zu erleben, weswegen unsere Seele in dieses Leben gekommen ist. Eine bereits erwachsene Seele erlebt oft eine relativ schwierige Kindheit, um schon in jungen Jahren zu lernen, Verantwortung für sich und für die ihrigen zu übernehmen.


*Sind wir bereits auf einer bewussten Ebene,* wird unsere Liebe von gegenseitiger und liebevoller Fürsorge und Respekt für die Bedürfnisse des anderen geprägt sein und wir werden auf diese, wann immer nur möglich, auch eingehen. Oder suchen wir:

- die emotionale Liebe, die ihre Wurzeln in den archetypischen und mythischen Liebeserfahrungen vergangener Zeiten und Kulturen hat? Dazu gehören die inneren Bilder von Treue und Beständigkeit. Diese Liebe möchte die alten Werte bewahren, ein Leben im Einklang mit der Natur führen und eine tiefe, emotionale und ewige Verbundenheit im Herzen erleben. Eine Liebe, die Schmetterlinge im Bauch, Herzklopfen und das berühmte Kribbeln erzeugt, mit dem Wunsch, dem anderen immer ganz nahe zu sein, ihn oder sie ganz zu „haben".

*Auf einer bereits reiferen Ebene* ist diese Liebe gegenseitig und von einem natürlichen und selbstverständlichen Geben und Nehmen geprägt. Auch von einem offenen Austausch und der bewussten Pflege all dessen, was die beiden Liebenden verbindet. Selbst wenn das Paar von gegensätzlicher Natur ist, werden Wege gefunden, um die vorhandenen Gemeinsamkeiten zu pflegen. Denn, ein gesundes Selbstwertgefühl erlaubt, die persönlichen Wünsche und Vorlieben konstruktiv zum Ausdruck zu bringen und jene des Gegenübers auch dann wahrzunehmen und zu respektieren, wenn sie sich von den eigenen gänzlich unterscheiden.

- Die leidenschaftliche Liebe ist von Leidenschaften und Verstrickungen geprägt, wie von etwas Unausweichlichem und Schicksalhaftem. Die großen Liebesgeschichten in Romanen und Mythologien beschreiben diese Liebe, die eine starke emotionale Qualität hat, wenn auch in ihr die Sexualität die wichtigste Rolle spielt. Diese leidenschaftliche Liebe sucht die Verschmelzung, will allumfassend, absolut und ewig sein. Sie wird oft als eine überwältigende Erfahrung erlebt, als etwas, das alle Vernunft ausschaltet, und oft auch nicht mehr gesteuert werden kann. Sie weckt unbekannte Gefühle und macht unbewusste Teile des eigenen Wesens sichtbar. Es ist eine verzehrende Liebe, eine orgiastische Leidenschaft, die auch unkontrollierbare Urängste und Eifersucht weckt, wie ein unzähmbarer Drang, die eigenen Grenzen, wie auch diejenigen des Partners, kennenzulernen. Wird so eine Liebe abgewiesen, kann sie auch schnell in Hass und Rachegefühle umschlagen.

*Bewusst kann diese Liebe nur dann gelebt werden*, wenn beide Partner, sowohl sich selbst als auch ihre eigenen

Schwächen schon kennen. Wenn sie schon gelernt haben, mit ihren inneren Abgründen und Ängsten klarzukommen und fähig sind, respektvoll, ehrlich und offen mit sich selbst wie auch mit dem anderen umzugehen. Denn nur auf diese Weise können Krisen als ein Teil des Beziehungsprozesses gesehen und offen angegangen werden, um die Festigung und Vertiefung der Partnerschaft zu bewirken.

- Die idealisierte Liebe, die eine besonders mystisch-romantische Qualität hat und oft mit dem Gefühl von Visionen und einer großen Hingabe und Opferbereitschaft verbunden wird. Dabei spielen die vorhandenen Ideale eine wichtige Rolle und das Bedürfnis, mit dem geliebten Menschen ganz zu verschmelzen und alles, was trennt, aufzulösen. Höhenflüge werden dabei erlebt, doch auch die gänzliche Aufgabe des eigenen Ichs. Doch so eine Liebe ist mit einem normalen Beziehungsalltag nicht einfach zu verbinden. Werden die eigenen Bedürfnisse gänzlich verleugnet, kann mit der Zeit eine zunehmende Frustration entstehen und eines Tages das Maß voll und die „Liebe" zu Ende sein.

*Diese Liebe bewusst zu leben heißt,* die Stärken und Schwächen des anderen zu kennen und zu lernen, damit auf eine normale Weise umzugehen. Das wird aber nur dann möglich sein, wenn das Gegenüber als der Mensch erkannt wird, der er in der Wirklichkeit ist, mit all den Vorzügen und Nachteilen. Doch auch für das Ich sollten Mittel und Wege gefunden werden, um die eigenen Wesenszüge und Vorlieben zum Ausdruck bringen zu können, auch dann, wenn dies gemeinsam nicht möglich ist.

Jede Gemeinschaft wie ein Paar, eine Familie oder ein Staat, besteht zum Teil aus Mitgliedern, die ein traditionelles, dem Beispiel der Ahnen folgendes Verhalten leben, aber auch aus solchen, die den Sog zu etwas Neuem in sich spüren und dem folgen. Die Konfrontationen, durch die Polaritäten der Gegensätze, lassen die Schritte der Wandlung entstehen, die – seit Anbeginn der Zeiten – auf diese Weise den Fortschritt bewirkt. Und nur die Ebene unserer eigenen Entwicklung entscheidet, ob wir solche Situationen als ein verständnisvoller Begleiter oder als „Richter" erleben.

Die Sehnsüchte, die Menschen zusammenführen, haben viele Muster und die daraus entstandenen Wege werden unterschiedlich lange gelebt. Denn das „Spätere" hängt immer, und alleine nur von der Tatsache ab, ob aus dem Wunsch, zu „erhalten", die Bereitschaft zu „geben", die Fähigkeit zur „Liebe" geworden ist. Denn nur in diesem Licht kann man den anderen und damit auch den Sinn einer Verbindung wirklich verstehen und auch annehmen.

Denn jede Begegnung, jede Partnerschaft und jede Gemeinschaft trägt die Botschaft einer Lektion in sich, und wir entschließen uns noch als Seele, schon bei der Planung dieses Lebens, für die Bereitschaft einer nächsten Erfahrung.

## TU, WAS DEIN HERZ DIR SAGT

Die Liebe ist für uns alle etwas sehr Wichtiges und wenn es uns auch nicht bewusst ist, steht und fällt doch so manches im Leben mit unserer Fähigkeit, zu lieben. Auch die Fragen: „Wie finde ich die Liebe", „Wie kann ich sie behalten" und „Was ist überhaupt Liebe" gehören zu den wichtigsten in unserem Leben.

In den vergangenen Jahrhunderten, in den Epochen der Romantik, suchten wir die Liebe mit sehnsuchtsvollen Liedern und Gedichten, die sich ausschließlich mit den schönen Seiten des Lebens beschäftigten. Die Geliebte wurde angebetet, der schöne Ritter verehrt und all das noch stärker in der Zeit des Rokokos, in dem alles auch noch mit viel Puder, Rüschen oder Goldverzierungen betont wurde. Aber seit dem letzten Jahrhundert erkannten wir, dass die Liebe nicht gleich Romantik ist, und wir wollen nicht mehr nur unsere schöne Seite in den Vordergrund stellen, sondern auch für all das, was uns wirklich ausmacht, geliebt werden. Doch das schafft uns auch neue Herausforderungen und wir müssen erkennen, dass die Liebe nicht zwangsläufig da ist, nur weil wir schön sind und dass die Liebe vergänglich sein kann.

So geht es uns heute vielmehr um unsere Individualität, um das, was unser Charakter ist, das, was unseren eigenen Typus ausmacht, und wir möchten auch geliebt werden, wenn wir einmal aus der Norm fallen. Wir erkennen, dass die Liebe nicht dauerhaft wird, nur weil zwei Menschen sich auf eine Beziehung einlassen und erleben, dass eine Partnerschaft belastend und voller Probleme sein kann. Aber auch das wird

klar, dass wir nicht den anderen, nur uns selbst ändern können, und die Situation schließlich unser Problem ist, wir müssen sie in die Hände nehmen. Denn, wenn eine Gemeinsamkeit für uns nicht stimmig und schwer zu ertragen ist, sollte
der nächste Schritt ein offenes und bewusstes Gespräch sein.

Wissen wir überhaupt, was gut für uns ist? Wodurch wir
unser inneres Gleichgewicht erlangen und unser Herz füllen
können? Sind wir überhaupt schon fähig, uns selbst und
dadurch auch anderen Gutes zu tun? Können wir schon posi-
tive Gefühle für uns selbst empfinden, damit unser Herzmag-
net ein Geschenk des Lebens anziehen kann?

So führt der neue Weg der Liebe vorbei an den alten Idealen, Normen und Werten, hin zum Kern unseres Selbst. Denn
der Weg der neuen Liebe ist der, der uns mit unserem Innersten verbindet. Der uns die Frage stellen lässt, was gehört
wirklich zu uns und was ist das, was gehen darf? Wir dürfen
Ballast abwerfen, alte Gedankenmuster, die wir nicht mehr
brauchen, Gewohnheiten, die nur dazu dienten, anderen zu
gefallen. Ein sensibler Mensch ist nicht auf der Welt, um sich
diese Eigenschaften abzugewöhnen, um mit den vielen anderen mithalten zu können. Schließlich ist diese Gabe eine
große Bereicherung, sowohl für uns selbst als auch für andere.
Auch ein zielstrebig handelnder Mensch sollte nicht versuchen, immer nur ruhig und besonnen zu sein. Wir sollten erkennen, was uns guttut und was unserem Wesenskern förder-
lich ist. Wir sollten erkennen, was uns wirklich ausmacht, um
diese Gaben dann auch an die Welt zu verschenken, und die
Welt wird es uns danken. Denn nur dann, wenn wir schon erkannten, was uns ausmacht, wenn wir schon bewusst und
selbst sein können, kann uns auch ein anderer erkennen und

uns offen begegnen. Erst wenn wir tun, was unser Herz uns sagt, wenn wir spüren was wirklich zu uns gehört, können wir der tragfähigen Liebe begegnen.

Auf diesen neuen Wegen der Liebe – sowohl in unserem inneren als auch im äußeren Leben – möchten wir ein immer bewussteres Selbst werden und das Leben immer bewusster leben, dass unser Herz immer fähiger wird, die Liebe auszustrahlen. Denn all das, was wir schenken, wird einst auch in unser eigenes Herz zurückkehren!

# V. DIE HÖHEREN DIMENSIONEN


## DIE HÖHEREN DIMENSIONEN


Wir leben inmitten eines gewaltigen Universums, das aus Materie von unendlicher Vielfalt und aus verschiedenen Dichten besteht. Es sind die Grenzen unseres heutigen Bewusstseins, die uns nur drei dieser Dimensionen und nur Materie von einem bestimmten Dichtegrad wahrnehmen lassen.

Oberhalb unserer Erde ist die Astralebene und gleich darüber sind die Energien der Mentalebene, eine Ebene mit noch feineren Energien als die Astralebene. Dieser Unterschied ist genauso groß wie der Unterschied zwischen den astralen und den physischen Welten. In den unteren, noch dichten Ebenen der mentalen Welt, wird eher das konkrete Denken ermöglicht, und erst in den höheren Bereichen wird das mehr abstrakte Denken gebraucht.

Doch all diese Ebenen, wenn auch in feinstofflichen Welten, gehören noch immer zu unserer physischen Welt. In den höchsten Bereichen der mentalen Welt beginnt die Ebene der geistigen Welt, und diese Energien sind nur mit intuitiven Wahrnehmungen zu fassen. Diese höheren Stufen gehören bereits zu den „formlosen" Welten. Die Gedanken hier erscheinen eher als leuchtende Blitze, als funkelnde farbige Ströme oder wie lebendiges Feuer. Viele dieser leuchtenden, zarten Farben sind auf der Erde völlig unbekannt. Doch jeder Seher, ob Hindu, Buddhist oder Christ, spricht mit den Worten des Entzückens von der herrlichen Schönheit dieser Ebene.

Hohe Eingeweihte weilen in diesen oberen Regionen der Mentalebene, jene Denker, deren Körper-Energien vorwiegend aus dieser Region sind. Von dieser Ebene aus vollbringen die Meister ihr wohltätiges Werk, indem sie edle Ideale, erleuchtete Gedanken, Ströme geistiger und intellektueller Hilfe für die Menschen hinunterfließen lassen. Jede Kraft, die hier erzeugt wird, sendet in unzählige Richtungen Strahlen aus, und Seelen, die dafür schon fähig sind, nehmen diese Einflüsse auf. So kann der Forscher einen plötzlichen Verstandesblitz erleben, ein Musiker eine neue Melodie hören und ein Intellektueller ein Problem neu verstehen.

Auf den unteren Mentalebenen findet man die vielen, schon weit fortgeschrittenen Jünger, die hier in ihrem Mentalkörper arbeiten. Denn, wenn der Körper im tiefen Schlaf liegt, kann die Seele, der „wahre" Mensch, aus ihm entweichen und in diesen höheren Regionen arbeiten. Von hier aus kann er seinen Mitmenschen, von Seele zu Seele, begegnen, indem er direkt auf ihren Verstand einwirkt. Von hier aus kann er ihre Probleme auch deutlicher erkennen und vollkommener helfen. Auf diese Weise hilft er seinen Brüdern, ohne dass die von seinem Dienste Kenntnis oder auch nur eine Ahnung hätten, wer ihre Last erleichtert, wer ihnen im Traum Trost spendet.

Jede einzelne Seele hat ihr eigenes mentales Umfeld, und das durch sie Wahrgenommene ist die unmittelbarste Verbindung zu unserer Seele. Alle Eindrücke werden durch diese Atmosphäre aufgenommen und auch entsprechend verzerrt und verfärbt. Aber, je klarer und reiner die mentale Atmosphäre mit der Zeit wird, je weniger sie noch von der Persönlichkeit gefärbt wird, werden auch entsprechend weniger Täuschungen vermittelt. Auf den unteren Bereichen der Mentalebene ist das praktische Vernunftdenken, dessen Methode die Logik ist. Diese Denkweise braucht noch Beweise, urteilt gerne und zieht Schlussfolgerungen.

Je entwickelter eine Seele ist, je mehr sie schon von all dem, was um sie ist, Kenntnisse hat, desto näher kann sie die nächste, höhere „Wirklichkeit" erahnen. Die Mentalebene bleibt noch lange hinter dem Schleier der Täuschung, denn diese Energie ist noch viel dünner als die Astralwelt, die unmittelbar über der physischen Welt ist.

Das Wachstum, von den unteren in die höheren Bereiche und Schwingungen, geht sehr langsam, und diese Entwicklung braucht viel, viel Zeit. Denn solange das Bewusstsein noch von Gefühlen und Leidenschaften beherrscht wird, folgt es diesen und kann sich nicht entwickeln. Erst wenn die Seele den wahren Zweck ihres Daseins erkannt hat, beginnt sie ihre Aufgabe zu erfüllen.

## DIE UNSICHTBAREN WELTEN

Als eine selbstverständliche Realität wurde die Existenz der unsichtbaren Welten und Wesen von allen Naturvölkern, in den Hochkulturen, wahrgenommen. Erst etwa seit dreihundert Jahren glaubt der moderne Mensch nicht mehr daran, dass es diese unsichtbaren Welten und Wesen gibt. So hat der aufgeklärte und fortschrittliche, moderne Mensch einen Kurs eingeschlagen, der weder zu Frieden noch zu Weisheit führte. Auf diesem Kurs ist viel wertvolles Wissen verloren gegangen. So wäre es umso wichtiger, das Urwissen der Menschheit wiederzuentdecken und das neuzeitliche Wissen mit der zeitlosen Weisheit zu verbinden, um dem vorherrschenden Materialismus und religiösen Fanatismus endlich zu begegnen.

Unser Planet existiert nicht isoliert im Weltall, er ist ein Teil eines multidimensionalen Kosmos, was heißt, dass unsere sichtbare Welt mit vielen anderen unsichtbaren Dimensionen verbunden ist. So wäre es eine wichtige Erkenntnis, dass die sichtbare Materie nicht unsere einzige Realität ist, sie ist nur die dichteste Schicht einer vielschichtigen Welt, die sich grundsätzlich in zwei Bereiche, in das grobstofflich Sichtbare und das feinstofflich Unsichtbare aufteilt.

Somit ist unsere irdische Welt in eine Hierarchie von vielen höheren Dimensionen eingebettet, die zwar für uns unsichtbar, aber von den kleinsten Astralwesen, die das Wachstum der Pflanzen unterstützen, zu den höchsten Lichtwesen, geführt und begleitet wird. So gibt es grobstoffliche und feinstoffliche Welten, ebenso, wie auch wir grobstoffliche und feinstoffliche (Energie)Körper haben. Das Sichtbare können wir mit den Sinnen wahrnehmen, aber das Unsichtbare verlangt unsere übersinnliche Fähigkeit. Während unseres Lebens erleben wir immer wieder, dass Hilfe und Einflüsse aus den feinstofflichen Ebenen uns berühren, nur wir haben noch immer Mühe, sie wirklich anzunehmen. Wenn es auch bekanntlich wahr ist, dass hinter allem sichtbaren Leben unsichtbare Energien wirken, die das Leben überhaupt ermöglichen.

Die feinstofflichen Welten, mit ihrer feineren Beschaffenheit, durchdringen unser Leben und um uns den dreidimensionalen Raum, ähnlich wie in unseren Wohnungen die zahlreichen Fernseher und elektrischen Programme, die unsichtbar um uns herum strahlen. Sie schwingen alle und gleichzeitig um uns im Äther, nur mit unterschiedlichen Frequenzen, weshalb sie sich auch nicht vermischen. Wir sind inmitten dieser Schwingungen, aber können, ohne einen geeigneten Empfänger, nicht wahrnehmen. Hätten wir mal einen, blieben all die anderen für uns doch noch eine in sich geschlossene Welt, mit ganz eigenen Klängen und Informationen.

Wie klar veranschaulicht diese kleine Analogie, wie im Universum die verschiedensten Dimensionsebenen gemeinsam existieren! Auch das „Jenseits", von dem die Menschen in ihren Nahtoderfahrungen erzählen, ist nur eine der zahllosen Dimensionsebenen, meistens aus der erdnahen Astral-Ebene. Doch innerhalb dieser Ebene gibt es auch unterschiedlichste Dimensionen, welchen wir begegnen, entsprechend unserer *Bewusstseinsausrichtung*. Unsere Resonanz bestimmt, welche Frequenz wir wahrnehmen und kontaktieren können.

Das bedeutet, dass die *Ausrichtung unseres Bewusstseins*, unserer Gedanken, Emotionen und Interessen, allein entscheiden – nicht nur hier, schon während unseres Lebens – in welches „Programm", in welches Schicksal, wir geraten. Wir erschaffen selber, durch die Resonanz unseres Bewusstseins, unsere eigenen Realitäten.

*Die Resonanz ist das höchste Gesetz im gesamten Universum.* Gleiches kann sich nur mit Gleichem verbinden! Darum betont auch schon die älteste Lehre der Menschheit, wie wichtig es ist, worauf wir unser Bewusstsein richten.

Die Hauptursache unserer heutigen Missstände ist, dass Selbsterkenntnis, für viele von uns, kein Thema mehr ist, dass wir heute weder Zeit noch Interesse dafür haben. Doch das, was unseren vergänglichen Körper durchdringt, belebt und begleitet, ist unser Bewusstsein, das nicht vergänglich, nicht materiell, sondern spirituell ist. Es stirbt auch nicht, wenn der Körper stirbt, denn es ist unsere ewige, individuelle und unvergängliche Seele.

## DIE GROßEN WURZELRASSEN

Von Zeit zu Zeit wechselt auch die Erde ihr Gesicht, und die Menschen ziehen dann weiter, auf neu entstandene Kontinente. Denn, die Erschütterungen der Natur wie Erdbeben, Vulkanausbrüche, Flutwellen, sind heute unendlich sanft im Vergleich zu den Perioden der felsigen Erde während ihrer ersten Stadien. In diesen Millionen von Jahren sind Kontinente im Ozean versunken, wie auch in anderen Teilen der

Erde neue Länder aus den Wellen emportauchten. Unser Globus hat sich durch die aufeinanderfolgenden Zyklen, zusammen mit den Menschen, ständig weiterentwickelt. Seit vielen Millionen Jahren verändert sich die planetarische Bühne, und immer in Übereinstimmung mit dem menschlichen Evolutionsplan.

Die alten Lehren sprechen von sieben großen Zyklen und von sieben großen Wurzelrassen und, dass sich der Werdegang jeder einzelnen Rasse auf einem anderen Kontinent entwickeln wird. Denn, genau wie das Land Ruhe und Erneuerung, neue Kräfte und eine Veränderung seiner Böden braucht, benötigt es das Wasser. Daraus entsteht eine periodische Neuverteilung von Land und Wasser, eine Veränderung des Klimas durch geologische Umwälzungen und manchmal auch eine Veränderung der Erdachse.

Der erste besiedelte Kontinent lag geografisch am heutigen Nordpol, doch über den Ursprung der ersten Menschen ist nur sehr wenig bekannt. Der zweite bewohnte Kontinent war das Land, dessen Vorgebirge sich südwärts und westwärts vom Nordpol erstreckten, und umfasste das gesamte, jetzt als Nordasien bekannte Land.

Lemurien war der riesige dritte Kontinent, der sich ausdehnte, wo heute der Indische Ozean liegt. Lemurien war die Heimat der dritten Menschenrasse und die Lemurier waren die Nachfolger oder die Nachkommen der zweiten Rasse. Sie waren dieselben, sich verkörpernden Seelen, die gemeinsam den zyklischen Abstieg in die irdische Materie begonnen hatten. Der Mensch befand sich hier noch in einer eher tierischen

Phase seiner Evolution, doch durch die Inkarnation höherer Wesen erwachten die trägen, halb bewussten Menschen, und der schlafende Samen des Denkens wurde von einer mächtigen Kraft wachgerüttelt.

Atlantis war der vierte Kontinent, für die vierte große Wurzelrasse. Vor ungefähr achtzehn Millionen Jahren haben die menschlichen Seelen begonnen – schon in der Mitte der lemurischen Zeit – auf ihrem Evolutionspfad langsam von der dritten in die vierte Wurzelrasse überzugehen. Es war ein riesiger Kontinent, der sich über ein Gebiet ausdehnte, das heute den Atlantischen Ozean ausmacht. Alles, was manifest war, war damals gewaltig. Nicht nur die Tiere, auch die Menschen waren riesengroß und besaßen eine hohe Intelligenz. Zu Beginn der vierten Wurzelrasse war das dritte Auge noch aktiv und die Atlanter beherrschten noch viele der subtileren Naturkräfte, was für uns heute noch ein Geheimnis darstellt.

In dieser vierten Menschenrasse lehrten weit entwickelte hohe Wesen die junge Menschheit. Doch viele missbrauchten dieses Wissen und ihre daraus resultierende Fähigkeit zur Macht. Viele stolze Atlanter, mit selbstsüchtigem Ehrgeiz, benutzten ihre Fähigkeiten, um sogar die Natur zu kontrollieren.

Das Hauptmerkmal aller atlantischen Völker war der Materialismus in seinen verschiedenen Arten und Ausdrucksformen. Es war auch der Materialismus, der angebetet und mit psychischer Magie und Zauberpraktiken ausgeübt wurde. Wir können uns ein wirklich außergewöhnlich hoch intelligentes

Volk vorstellen, bei weitem intelligenter, als wir es in der arischen oder fünften Menschenrasse sind, doch oft mit der das Böse suchenden Art von Intelligenz. Sie wurden eine mächtige Rasse von Zauberern, die stets im Krieg mit ihren Brüdern waren. Bis zu diesem Zeitpunkt hatte die Rasse eine glänzende Zivilisation entwickelt, die aber zum größten Teil aus schwarzer Magie bestand. All die aufregenden Entdeckungen unserer (eigenen) Zeit sind nur schwache Erinnerungen an die Wunder und die intellektuelle Größe der vierten Wurzelrasse. Aber sie stellten das Materielle mit all seinen Kräften über das Geistige.

Schließlich begann die Zeit der Überschwemmungen, deren Geschichte in den alten Überlieferungen aller Völker beschrieben wurde. Dieses Schicksal wurde auch in unserer biblischen Geschichte von Noah und der Sintflut dargestellt. Platons berühmte Insel Atlantis war nur der letzte Teil des Kontinents, der unterging. Die Überschwemmungen dauerten über mehrere Millionen Jahre an, bis ein großer Teil dieser Rasse in einer letzten großen Flutkatastrophe unterging.

Doch ebenso gab es in diesen Zeiten die wenigen, die die ersten spirituellen Mysterienschulen des Globus gründeten. Sie hatten sich von ihren Brüdern getrennt und waren unter spiritueller Führung in ferne Länder gezogen, die nicht von der Sintflut betroffen waren. Sie retteten den spirituellen Samen, für die kommende arische oder fünfte Rasse, vor der Zerstörung. Es gibt auch eine Legende über eine »heilige Insel«, mitten im heutigen Asien, wo sich in der Zwischenzeit die Erde erhob, und aus der einstigen Insel hohe Berge und kahle Wüsten entstanden. Doch damals waren in dieser Gegend viele kleine Inseln, die von überragender Schönheit gewesen sein sollen und als der Garten Eden bekannt waren. Diese Gegend wurde auch die Heimat derer, die dem Todeskampf von Atlantis entkamen und die den übrig gebliebenen Atlantern ermöglichten, ihre weitere Entwicklung als Arier zu beginnen.

So waren diese Auswanderer gleichzeitig auch die Anfänge unserer heutigen fünften oder sogenannten arischen Rasse. So geht der Anfang unserer zyklischen Inkarnationen bis zur Mitte des atlantischen Zyklus zurück. Genauso wie die Anfänge der sechsten großen Wurzelrasse schon mitten unter uns sind. Seelen, die fähig und bereit sind, die Schritte für die nächsten großen Stufen der Evolution vorzubereiten. (Die Geheimlehre.

## DIE ÄLTEREN BRÜDER DER MENSCHHEIT

Im Kindesalter ist der Vater der Mächtigste in unserem Leben, später lernen wir Jesus, aus der Bibel, als das höchste Wesen lieben und ehren. Im Erwachsenenalter erweitert sich unsere Welt noch mehr und wir erkennen, dass jedes System sein Oberhaupt hat, wenn es auch gleichzeitig zu einer noch größeren Gruppenordnung gehört. Denn alles ist mit allem verbunden und jedes Leben ist ein Teil von einem noch größeren Leben. Ob das die Hierarchie der Regierenden dieser Erde ist oder die Hierarchie der Liebe mit ihren göttlichen Wesen, die das Leben ganze Sonnensysteme lang begleiten.

Denn unser Sonnensystem ist nur eins von den sieben Systemen, deren Oberhaupt im Sternbild Sirius die großen Zusammenhänge bewirkt. Doch auch Sirius ist ein Teil einer noch größeren Gruppe, die mit vielen anderen Gruppen zur Galaxie, die wir die „Milchstraße" nennen, gehört. Wie viele Millionen von Galaxien das Universum beherbergt, wissen wir noch lange nicht, doch alle sind Räder in Rädern auf den vielen Wegen des Werdens.

Im Osten gehörte es schon seit Jahrtausenden zum Allgemeinwissen, dass es vollkommene Menschen gibt. Die älteren Brüder der Menschheit, die Lehrer, die Führer, die Mahatmas, die Meister der Weisheit oder die Herren des Mitgefühls. Männer, die uns in der Evolution vorangegangen sind, und die Reise, auf der wir uns noch befinden, längst abgeschlossen haben. Sie müssten auch nicht mehr auf diesem Planeten leben, haben jedoch die Verpflichtung übernommen, zu bleiben, um uns zur gleichen Vollkommenheit zu verhelfen.

Diese geistig erleuchteten Männer leben seit vielen Jahrtausenden in den abgelegenen Gebirgen und Wüsten der Welt, im Himalaja, in den Anden, in den Karpaten, und von der Abgeschiedenheit dieser Gebirge und Wüsten aus, begleiten und bewachen sie die Evolution der Menschheit. Und von Zyklus zu Zyklus kommt einer von diesen Großen in die Welt, um der Menschheit den Weg zu weisen, sie den nächsten Schritt ihrer Entwicklung zu lehren. Die Geschichte kennt diese Lehrer mit Namen wie: Herkules, Hermes, Rama, Mithra, Vyasa, Krishna, Konfuzius, Zarathustra, Shankaracharya, Buddha, Christus, Mohammed.

Schon vor etwa 2600 Jahren prophezeite Gautama Buddha, dass zu Beginn des neuen Zyklus ein anderer großer Lehrer in die Welt kommen würde, ein Buddha wie Er, der den Namen Maitreya trägt. Denn Christus und Maitreya sind ein und dasselbe, Er ist der Meister aller Meister, und wie Gautama Buddha Ihn nannte: „Der Lehrer der Engel und der Menschen".

Maitreya, so sagte er, werde die Menschheit inspirieren, und ihnen helfen, eine großartige, goldene Zivilisation zu schaffen, die, wie er es ausdrückte, auf Rechtschaffenheit und Wahrheit gegründet würde. So warten die Buddhisten seit 2600 Jahren auf den Maitreya-Buddha, und seit 2000 Jahren erwarten die Christen die Wiederkunft Christi. Christus ist Maitreya, und vor 2000 Jahren überschattete Seinen Jünger Jesus, ebenso wie Buddha seinen Schüler, den Prinzen Gautama überschattete. Dies war die uralte Methode der Offenbarungen der großen Meister.


Maitreya ist das göttliche Oberhaupt der geistigen Hierarchie, und seine Rückkehr in unsere Alltagswelt, nach annähernd 100 000 Jahren, wurde von der Hierarchie – wie die Schriften es berichten – schon lange geplant. Der Zeitpunkt war offen, wann die Menschheit für die Rückkehr der Meister in unsere Alltagswelt bereit sein könnte.


Maitreya hoffte, dass die Schmerzen und Leiden des Zweiten Weltkrieges die Menschheit zur Einsicht und damit zu einer umfangreicheren Richtungsänderung ihrer Gedanken und Einstellungen veranlassen würde. Doch nicht alle Nationen hatten gelitten oder nicht alle im gleichen Maße, und so kehrten viele schnell wieder zu den alten, gierigen, egoistischen, nationalistischen und konkurrenzorientierten Verhaltensweisen der Vergangenheit zurück. Und die Kraft unserer Waffensysteme, die heute schon so gewaltig ist, dass wir damit eine große Katastrophe auslösen könnten. Dies würde den Untergang von Atlantis um ein Vielfaches übertreffen und alles Leben auf dem Planeten zerstören. Wir tragen daher eine ungeheure Verantwortung. Es gab bisher noch nie ein Jahrhundert von dieser Tragweite, sowohl im Guten als auch im Schlechten. All das hat zur Folge, dass sich die Meister dazu entschlossen haben, offen in die Welt zurückzukehren, den Menschen beizustehen und ihre Entwicklung zu unterstützen.

Zurzeit sind dreizehn Meister und Maitreya, der Meister aller Meister, bereits in der Welt, doch bald werden auch noch viel mehr Meister zurückgekehrt sein, um offen unter uns zu leben. Zwar sind die Körper der Meister reine Lichtkörper, wenn sie auch genauso aussehen wie unsere, doch sie strahlen eine innere vollkommene Schönheit aus, weil sie aus reinem Licht sind. Aus diesem Grunde können sie auch unmittelbar sichtbar und unsichtbar werden. Ein Lichtkörper wird auch nicht alt und muss nicht sterben, so leben die Meister Jahrtausende lang im selben, von ihnen durch Gedanken erschaffenen Körper und denselben Kleidern und sie brauchen weder Schlaf noch Essen.

Die Meister kommen auch nicht, um die Herrschaft in der Welt zu übernehmen, sondern die Menschheit zu unterweisen. Sie sind Lehrer und weder Herrscher noch Anführer, sie möchten uns nur helfen, dass wir nicht zu viele und zu entsetzliche Fehler machen. Sie möchten uns all das lehren, wofür wir offen und bereit sind und wie es vorausgesagt wurde, helfen, eine neue Wissenschaft, die Technologie des Lichtes einzuführen, die uns direkt und unbegrenzt mit den Energien der Sonne versorgen könnte. Doch für all diese Hilfe und Erfahrungen müssen wir bereit sein, denn wir müssen etwas wirklich wollen. Sonst würden die Meister unseren freien Willen verletzen.

Wenn die Zeit kommt und wir bereit sein werden, die Hierarchie auf Erden, das Licht unter uns wahrzunehmen, wird es ein kosmisches Ereignis sein. Doch ist es ein kosmisches Gesetz, dass Maitreya erst kommen kann, wenn unser Herz Ihn schon erwartet. Sein Kommen kann nur die Antwort auf unsere „Bitte" sein, wenn wir Ihn nicht nur in den Meditationen, sondern uns auch in unserem Alltag Seine Anwesenheit wirklich wünschen. Wenn auch die Zeit für sein Kommen noch nicht da ist, seine Nähe und seine Liebe spüren wir schon mit jedem Schlag unseres Herzens.

## Ein wachsendes Vertrauen

Die kosmischen Energien begleiten unsere Inkarnationen, wenn wir für eine neue Erfahrung wieder in die Materie eintauchen. Nichts ist außerhalb dieses großen, pulsierenden Lebensflusses, kein Geschehen, keine Erfahrung, keine Zeit. Wir sind von den Energien des Lebens getragen, ob wir dies als Freude oder auch als Leid erfahren.

Wir sind Lichtwesen, und wenn wir uns für eine nächste Aufgabe mit Materie „umhüllen", vergessen wir schnell das leuchtend strahlende Leben, aus dem wir kommen. Sind wir schon ganz auf die Materie fixiert, kann sich in uns ein Gefühl des Alleinseins entwickeln. Ein Gefühl von Verlust, eine innere Unsicherheit, als wären wir von irgendwo herausgefallen, wo es für uns viel schöner war, als es jetzt hier in der Gegenwart ist.

Lange Zeiten des Haderns mit uns selbst, mit unserem Schicksal, mit unseren Mitmenschen durchleben wir. Die darauffolgenden Zeiten nennen wir *Entfaltung,* wenn wir beginnen, uns aus einer dichten Schicht von Verwirrungen, von aufgezeigten, geerbten und erhaltenen Ansichten, langsam herausarbeiten. Die erwachende Seele nimmt „Licht" und „Dunkelheit" in immer stärkerem Maße wahr und erkennt die verborgenen göttlichen Gesetze, die in der Materie die Gegensätze hervorrufen. Diese Gegensätze zu erleben heißt, unseren evolutionären Weg in der Materie zu gehen. Vieles können wir dabei noch nicht verstehen und auch nur schwer erfassen. Aber tief in uns beginnt etwas zu wachsen, was wir am Ehesten mit „Vertrauen" bezeichnen könnten. Wir spüren und empfinden, dass alles einen Sinn hat, und darum auch ein Ziel.

Wie viele Orte, wie viele verschiedene Rituale und Gesetze, erlebten wir schon in den Zeiten unserer Wanderschaft! Wie viele verschiedene Glauben erhielten wir, wie viele Worte und Gesetze, für den schmalen Weg, als die einzige Möglichkeit für eine Gottesbegegnung, wurden uns vermittelt. Weil Worte, in fester Form, gegossene Gedanken sind, und je dichter eine Form ist, umso stärker wird das „eingeschränkt", was eigentlich wirken und sich ausbreiten möchte.

Wie schwierig ist es, Lichtbotschaften in wegweisenden Worten so zu formulieren, dass sie in Entwicklungszeiten Lehren und Unterstützung vermitteln können.

Mit der Zeit, durch ein wachsendes Vertrauen in die Sinnhaftigkeit des Seins, erkennen wir die Vielfältigkeit des Weges, der uns zu den großen Licht- und Gotteserlebnissen führen kann. Durch neue Sichtweisen entsteht eine neue Einstellung zur Quelle allen Seins, zu Gott, den wir auch Vater nennen. Wir beginnen die Vielfältigkeit der Manifestationen seiner Liebe zu ahnen. Wir beginnen die vielen, scheinbar „sinnlosen" Wege zu verstehen, die zum erkennenden „Sinn des Lebens" führen. Wir erfahren, dass das Durchschreiten langer Zeiten des Alleinseins und Zeiten der Dunkelheit die wahre Selbstbegegnung und das Betreten des „Lichtpfades" ermöglicht.

Erkenntnisse sind wie der Sonnenaufgang nach einer durchwachten Nacht. Unsere Aufmerksamkeit hat sich von den Sorgen unseres kleinen Ichs gelöst, und wir haben die Zusammengehörigkeit allen „Lebens" und dadurch den „Sinn" des Lebens erkannt. Unsere ersten, bewusst suchenden Schritte verbinden uns mit mystischen Erlebnissen, mit Erfahrungen, durch welche unser Glaube an das „Leben außerhalb der Form" gestärkt wird. So vermittelt der nächste Schritt schon die Möglichkeit für den Beginn einer Schulung, deren Lehren wir eigentlich aus langen vergangenen Zeiten kennen, die aber jetzt einen neuen Ausdruck bekommen.

Große Lichtwesen, göttliche Gesandte des Himmels, übernehmen immer aufs Neue die wegweisenden Aufgaben, um in

den sich wandelnden Zeiten die Wege der Liebe neu zu erklären. Ihre richtungsweisenden Botschaften sind immer eng mit
jener Qualität verbunden, die zu einer bestimmten Zeit die
Erde umhüllt. Das heißt, ein bestimmter Energiestrahl, der
mit seinen Qualitäten einen nächsten Schritt prägt, und damit
die Richtung und die Grundlage für eine kommende Zeit bestimmt.

## WIE VIEL VERSTÄNDLICHER UND LEICHTER WIRD DAS LEBEN

Wie viel verständlicher und leichter wird das Leben, wenn
es seine Einmaligkeit verliert und nur eine von den vielen Erfahrungsmöglichkeiten ist. Wenn wir schon wissen, dass all
unsere Themen von heute ihre Vorgeschichten in unserem
Gestern haben, wie auch das, was uns heute beschäftigt, die
Grundlage für Erfahrungen des Kommenden sein wird. Wenn
wir wissen, dass das Leben in den feinstofflichen Ebenen eine
Ergänzung des irdischen Lebens ist, wenn wir den Rhythmus
erkennen, der uns sowohl die Zeiten der Erfahrung als auch
die Zeiten der Erkenntnisse ermöglicht, um dann wieder einen
Neuanfang erleben zu können. Weil das Weitergehen, auf
welcher Ebene auch immer, nur durch das Zurücklassen,
durch das Loslassen dessen, was ist, möglich wird.

Die Erneuerung des Denkens ist die Grundlage für jeden
Neubeginn. Wie könnten wir der Zukunft begegnen, wenn wir
die Vergangenheit noch festhalten? Die Erweiterung des
Blickfeldes, die Aufhebung der Grenzen des Denkens, bilden

die neuen Stufen und schaffen die neuen Möglichkeiten. Jedes Umdenken ist ein kleines Sterben, weil jede gewohnte Wertung mit Ich-Werten verbunden ist. Die Gedanken: „Wie stehe ich dann da, was sagen dann die anderen?", müssen zuerst überwunden werden. Denn, die Tatsache, dass das Zurücklassen von alten Werten eine innere Freiheit schafft, wird erst im Nachhinein erkennbar sein.

Für eine Neubewertung des Lebens sollte das Erste die Auseinandersetzung mit der eigenen Vergangenheit sein. Ohne die Anfänge zu kennen, kann ein inneres Ungleichgewicht nicht korrigiert werden. Das Zurückschauen hilft zu verstehen, dass jedes Leben ein Teil von einem ausgleichenden Gesetz ist, wie auch jedes Morgen in Bezug zu seinem Gestern steht. Dieses Gesetz des Gleichgewichtes ist das Gesetz des Karmas, das Gesetz von Ursache und Wirkung, das Gesetz, durch das sich das Leben entfaltet. Denn dieses Gesetz ermöglicht die Wiedergutmachung.

Darum sind in jedem neuen Leben die Wege des Schicksals eng mit den Taten vergangener Leben verbunden. Wir waren ja sowohl Verursacher als auch Empfänger von Geschehnissen. Nun bekommen wir aufs Neue die Möglichkeit, das Leben neu zu erfahren, sowohl als Empfangender als auch als Bewirkender. Wer Karma als Strafe betrachtet, hat die Schritte der Evolution noch nicht verstanden. Durch Tausende von Leben machen wir Erfahrungen, gehen unzählige Wege der Entfaltung durch verschiedene Rassen, in vielen Kulturen. Erleben, was es heißt, reich und arm zu sein, lernen mit Glück und mit Unglück umzugehen, üben Verantwortung zu tragen, wie diese auch abzugeben. Erfahren, was es heißt, sich in einem männlichen, wie auch in einem weiblichen Körper, zurechtzufinden. Lernen die Abgeschiedenheit des geistigen Lebens, wie auch den Sog der materiellen Welt, kennen.

Jede einzelne Richtung bedarf einer ganzen Reihe von Leben, denn es darf nicht vergessen werden, dass die erlebten Erinnerungen und Gewohnheiten, mit all ihren Vorlieben und Abneigungen, auch in einem nächsten Leben noch immer voll wirksam sind. Darum beginnen wir ein neues Leben oft mit Widerstand, besonders, wenn uns unsere neue Inkarnation in ein ganz anderes Land, in eine ganz andere Kultur und ganz andere soziale Verhältnisse bringt, als unsere Erinnerung sie kennt. Wir können sogar unsere eigene Familie, anfänglich, noch als fremd empfinden.

Wie hilfreich ist es, zu wissen, dass jedes Leben nur ein neuer Schritt auf einem langen Weg ist. Dass uns immer wieder aufs Neue die Möglichkeit gegeben wird, dasjenige zu tun, was wir noch nicht können, das zu lieben, was uns noch Mühe macht, es als liebenswert zu empfinden. Unsere Wege sind nicht nur mit dem Sog unserer Seele, sondern auch mit unseren karmischen Verpflichtungen verbunden.

Was für ein Geschenk ist die Möglichkeit der Wiederholung, was für eine Hilfe zu wissen, dass es viele Wege, viele Möglichkeiten und Gelegenheiten gibt, um sich zu erproben, sich selbst zu begegnen, und alles wieder neu versuchen! Und wenn man sich selbst schon als Wanderer auf einem langen Weg erkannt hat, erlebt man jenes unendliche Glücksgefühl, das innere Freiheit heißt!

# WENN WIR UNSEREN KÖRPER VERLASSEN

Wenn wir unseren physischen Köper verlassen, sind wir nicht tot, denn es gibt keinen Tod, es gibt nur Änderungen der Lebensbedingungen und Lebensmöglichkeiten. Beim sogenannten Sterben löst sich nur der Ätherkörper, der Körper der Seele, von seinem sichtbaren Körper, und das magische Band, durch welches sie während des Erdenlebens verbunden waren, löst sich. So sehen wir unseren Ätherkörper, der ein feinstoffliches Doppel des physischen Körpers ist, weiterhin als unseren eigenen Körper. Sehen und hören alles und merken oft die längste Zeit nicht, dass wir gestorben sind. Viele verweilen noch eine gewisse Zeit in der Nähe von Menschen, die sie liebten, und gehen an Orte, wo sie gerne waren. Schließlich sind unsere Gefühle und Gedanken noch immer dieselben.

Was wir nachher begegnen, auf welcher Stufe, in welchem Bereich ein Neuankömmling erwartet wird, hängt allein vom eigenen Energiefeld ab, denn auf den feinstofflichen Ebenen lässt nur die Schwingungsgleichheit eine Verbindung entstehen. Unsere nächste Ebene wurde schon in vielen Religionen als Zwischenstadium beschrieben, *ein zeitweiliger Aufenthaltsort, für die Zeit zwischen dem Verlassen des Körpers und dem Eingehen in den Himmel.* Ein Zwischenbereich, um Gewohntes und Gehabtes zurücklassen zu können.

So begegnen und erleben wir in den feinstofflichen Welten diesen Ebenen und diesen Situationen, die mit unseren eigenen Energien identisch sind. Unsere eigene „Strahlung" bestimmt unser Umfeld. Und weil in unseren Energiekörpern die höheren Energien innen und die schwereren außen sind, ist diese äußere Schicht die, die unsere Zugehörigkeit in den feinstofflichen Welten bestimmt. Werden die äußeren, schwereren Energien aufgelöst, das heißt, die dazugehörenden Themen erkannt, verarbeitet und losgelassen, kann die, bis dahin darunterliegende, feinere Schicht zum Strahlen kommen, und wir haben die Möglichkeit, uns mit den entsprechend höheren Ebenen zu verbinden. Jede einzelne Energieschicht unseres Wesens ist mit einer Ebene der feinstofflichen Welten identisch. Entsprechend unserer Entfaltung wird unsere Verbindung mit immer höheren Welten möglich.

Alle Ebenen sind Zwischenbereiche, und die einzelnen Verhältnisse ermöglichen, dass wir das zurücklassen, was unsere höhere Strahlung verhindert. So werden unsere, auf den astralen Ebenen, verbrachten Zeiten mit den Möglichkeiten verbunden, auf das zurückzuschauen, was wir während unseres Erdenlebens erlebt und durch unsere Eigenart bewirkt haben. Sind wir geistig fortgeschritten und ist unser Gefühlskörper schon verfeinert, werden wir eilend durch diese Ebenen gehen, ohne Aufenthalt nehmen zu müssen, um gleich zu der Stufe zu kommen, die unserer Entwicklung entspricht.


Die Ebenen des Universums liegen nicht übereinander, indem die eine dort endet, wo die nächste anfängt, sondern sind Sphären, die sich gegenseitig durchdringen, wie die Luft das Wasser und wie der Äther den physischen Körper. Genauso strömen auch die feinstofflichen Energien immer, auch durch alles Physische. Wie klar ist es, zu erkennen, dass die Zeiten zwischen zwei irdischen Leben nicht aus Stillstand, sondern aus Erkenntnis und Neuausrichtung bestehen, sodass wir in dieser Zwischenzeit unsere gesamte Aufmerksamkeit einsetzen können, um uns selbst, unsere Fähigkeiten, unser bestehendes Wissen zu erweitern und zu vervollkommnen? Auch als Hilfe für die Mitmenschen können wir da sein. Denn:

„Der Weg des Werdens führt uns durch sieben unterschiedliche Ebenen dorthin zurück, wo unsere Reise begann, damit wir einst, mit Händen voller Gaben, durch all die Erfahrungen des Lebens zurückkehren, um das zu werden was wir sind, ein Strahl des Lichtes, das der Dunkelheit begegnen möchte."

## WER STIRBT, IST NICHT TOT!

Alle Menschen, die eine Nahtoderfahrung erlebten, beschreiben dasselbe: dass sie sich „irgendwie" vom Körper lösten oder aus dem Körper hinausgesogen wurden. Und, nach dem Verlassen des Körpers, stellten sie – meistens zu ihrem eigenen Erstaunen – fest, dass sie immer noch lebten und immer noch einen Köper hatten, der jedoch anders beschaffen war und auch andere Fähigkeiten hatte als der zurückgelassene, sterbliche Körper.

Wir sterben ja nicht, wenn unser Körper aufhört zu funktionieren und sich das Bewusstsein in seinen feinstofflichen Körper verlagert. Wenn die Seele den grobstofflichen Körper zurücklässt, lebt sie als Nächstes in ihrer feinstofflichen Hülle, in der feinstofflichen, astralen Welt. Diese astrale Welt ist unserer sehr ähnlich, sie ist unmittelbar um unsere physische Erde und dient, als Zwischenaufenthalt, den Seelen auf ihrem „Heimweg". Diese Welt ist *in sieben Entwicklungsstufen aufgeteilt* und ist in ihren Feinheiten und ihrer Durchlässigkeit unterschiedlich. Und welcher Bereich es ist, der einen Neuankömmling auf der Astralebene erwartet, hängt ganz von seinen eigenen astralen Energien ab, denn nur die Schwingungsgleichheit lässt eine Verbindung entstehen. Diese einzelnen Ebenen sind keine getrennten Orte, nur durch die unterschiedlichen Ebenen des Bewusstseins entstandene, unterschiedliche Energiefelder, andersartige Welten, deren erreichte Reife ähnliche Schwingungen verlangt.

Doch all das gehört noch immer zu den Welten der Formen, denn die Astralebene ist die Erde umhüllende Gefühls- und Wunschebene, von wo der Weg weiter zu den Gedanken, Richtung Mentalebene führt, um unsere Schwingungen immer mehr für die Ebenen der Seele vorzubereiten. Wie viel einfacher und leichter haben es diejenigen, die die Entwicklungswege der Seele schon kennen! Wenn es schon selbstverständlich ist, dass die Zeiten zwischen zwei irdischen Leben kein Müßiggang sind, sondern die Möglichkeit der Verarbeitung des gehabten Lebens und die Vorbereitung für ein Neues.

Der Großteil der heutigen Menschheit interessiert sich nicht für die höher dimensionalen Welten und Wesen. Es sind nur die wenigen, die diese Welten und den helfenden Einfluss jener kennen, die aus diesen Ebenen, durch ihre große Liebe, den Menschen auf der Erde beistehen. So wäre das Wissen um den Tod ein Fenster, das Einblick in die unsichtbaren Welten gewähren würde. Das Wissen um die höheren Aspekte des Lebens könnte auch das Tor zur Selbsterkenntnis weiter öffnen, aber dieses Wissen wird in unseren Tagen nicht nur von den Massenmedien, sondern auch von den herrschenden Schulmeinungen noch immer bekämpft. Und doch ist diese feinstoffliche Ebene gleich über dem Erdreich dicht bevölkert. Sie hat verschiedene Stufen und ist nur durch einen ganz dünnen Schleier von uns getrennt. In den unterschiedlichen Ebenen begegnen wir all jenen, die nach dem physischen Tod hier ankommend dabei sind, das Leben, das sie eben verlassen haben, im Lichte dessen, was ihnen hier begegnet, neu zu verstehen.

Dabei ist auch niemand allein, viele Helfer sind auf dieser Ebene tätig und begleiten alle, die bereit sind das „größere Leben" zu verstehen. Ist unter den neu Ankommenden jemand bereits eine fortgeschrittene Seele, reiht sie sich, wie selbstverständlich, gleich zu den Helfenden ein. Wir finden auf dieser Ebene viele Besucher, auch aus viel höheren Ebenen kommend, die sich hier helfend betätigen, wie auch Eingeweihte aus unserer eigenen irdischen Welt. Sie sind Menschen, die noch in ihren physischen Körpern leben, die aber schon gelernt haben, die physische Behausung willentlich zu verlassen, um, in vollem Bewusstsein ihres Astralkörpers, anderen helfend beizustehen.

Unser individuelles, ewiges Ich ist unsere Seele, die wie ein ewiger Baum ist. Unsere verschiedenen Persönlichkeiten wachsen auf diesem Baum als Blätter, damit wir als Mensch die Möglichkeit haben, auf der Erde, in den Zeiten unseres Frühlings, Sommers und Herbstes, Erfahrungen zu sammeln. So kann dann all das, was die Blätter aufnehmen und verarbeiten, als wertvolle Essenz dem Baume zufließen. Im Herbst zieht sich dann alles in den Stamm zurück, und ein Kreis, eine

Erfahrung, ein Leben geht zu Ende. Die trockenen Blätter fallen ab, aber der Baum, die Seele ist gewachsen, ist reifer geworden. So bewirkt jeder neue Frühling, durch jedes neue Blatt, dass der Baum immer stärker und die Seele immer fähiger wird.

## LEBEN IST ATMEN, EINE STETE RHYTHMISCHE WANDLUNG

Es ist der kleine Atem, der uns auf der Erde begleitet und der große Atem, der mit seinen großen Rhythmen uns das Leben, sowohl im Himmel als auch auf der Erde, ermöglicht.

Was für Geschenke sind die vielen kleinen und großen Zyklen des Lebens! Was für eine Chance, dass wir immer wieder anfangen können: mit einem neuen Tag, einem neuen Körper, in neuen Zeiten, mit neuen Wahrheiten und neuen Werten, in neuen Beziehungsformen und mit neuen Erkenntnissen!

Das Leben ist ein ständiges Ein- und Ausatmen. Mit dem Ausatmen entstehen die Formen in den Welten der Materie, und unsere Gedanken und Wünsche beleben die Welt. Wenn wir einatmen, ist es wie eine Einkehr, ein Zentrieren. Das Erlebte verstehen und verarbeiten, um mit neuem Mut und neuer Bereitschaft für ein neues Ausatmen bereit zu sein. Es ist der große Pulsschlag des Lebens, der unser Sterben und Geborenwerden begleitet.

Beim sogenannten Sterben wird der Ätherkörper von seinem dichten Körper getrennt. Dadurch wird das magische Band, das sie während des Erdenlebens verbunden hat, entzweigerissen und unser Bewusstsein bleibt noch einige Tage im ätherischen Körper. So fühlen und sehen wir all das, was um uns geschieht, nur, es ist schwer zu begreifen, dass wir dabei tot sein sollen?

Den Tod könnten wir leichter verstehen, wenn wir schon wüssten, dass unser irdisches Leben, auf der feinstofflichen Ebene, weitergeht. Der Verstorbene kann auch seinen Körper sehen, doch das, was er sieht, ist das ätherische Doppel seines physischen Körpers. Wie viel leichter wäre es, wenn wir den Rhythmus des Lebens schon kennen würden und wüssten, dass sich die Erfahrungen auf der Erde, mit der Zeit, auf den feinstofflichen Ebenen ergänzen werden. Auch, dass die feinstofflichen Welten unmittelbar über uns sind. Dass die astrale Welt so nah bei der Erde ist, dass das ätherische Doppel unserer Berge, Bäume und Städte, noch in die feinstofflichen Ebenen hineinragt. Darum begegnen wir hier vielem, was ähnlich wie auf unserer Erde ist.

Der physische Tod bedeutet nur, dass sich unsere Seele aus der schwersten ihrer Begrenzungen löst und unsere Seele auf einer stufenweisen Rückkehr, zurück in unsere wahre Heimat, auf der Suche nach einer erneuten Erdenerfahrung ist. In der astralen Welt ankommend, warten schon alle auf uns, die unseren Herzen nahestehen.

Auf diesen, unseren zeitweiligen Aufenthaltsort, zwischen dem Verlassen des Körpers und dem Eingehen in den Himmel

– wiesen auch schon alle Religionen hin. Denn der Tod allein verändert gar nichts an unserer moralischen und mentalen Natur. Erst, während der Zeiten in den astralen Welten haben wir die Möglichkeit, unser Gewohntes zu erkennen und zurückzulassen.

In diesen unseren vorübergehenden Aufenthalten, bleiben unsere Interessen gleich, wie sie es auch auf der Erde waren. Waren wir immer aktiv, können wir auch hier vielfältig kreativ sein, haben wir gerne geholfen, können wir hier denen beistehen, die Mühe haben, hier zu sein. Haben wir am liebsten gelernt, finden wir hier die größten Universitäten.

Diejenigen, die in einem starken Glauben verwurzelt sind, erbauen sich hier, aus feinstofflicher Materie und Gedankenkraft, ihre eigenen Heiligtümer. So findet man hier die größten religiösen Vorstellungen, in vorübergehenden ätherischen Darstellungen. Göttliche Statuen von allen Religionen, mit all ihren zugehörenden Ritualen. Auf den Ebenen der Wünsche werden die innersten Sehnsüchte und Vorstellungen verwirklicht. Auf den feinstofflichen Ebenen werden unsere Gedanken sichtbar.

Alle Welten, so die Astralwelt wie auch unsere Erde, bestehen aus 7 Ebenen und die Verbindungen sind nur durch die gleichen Energien möglich. Auch auf unserer Erde können die Fische nicht mit den Vögeln kommunizieren. Viele Lehrer aus höheren Ebenen halten sich hier auf. Sie helfen und geben uns die Möglichkeit, uns selbst zu begegnen, uns zu erkennen, in uns so manches zu verarbeiten und loszulassen, unsere Energien zu verfeinern. Bestehen unsere Energien, unsere

„Gewänder", bereits aus feinerem Material, können wir immer feinere Welten empfangen und ihnen begegnen. Der gleiche „Entwicklungsplan" gehört auch zu den verschiedenen Stufen des Himmels. Denn der Himmel ist kein Paradies von zwecklosem Müßiggang. Es ist das Land, wo sich das Herz und der Verstand – ohne die grobe Materie, ohne die vielen Alltagssorgen – entfalten kann. Die Bewusstwerdung, ob im Himmel oder auf der Erde, ist das große Ziel der Seele.

Der Himmel ist die Stätte des Erblühens aller irdischen Knospen. Die Seele, mit anderen Worten der „Denker", wenn er wieder einmal seine Pilgerfahrten beendet hat, wohnt für eine Weile in seiner eigentlichen Heimat, bevor seine verborgene Göttlichkeit wieder bereit ist, sich durch Erfahrungen weiterzuentfalten, sich mit anderen zu teilen. Wir alle haben denselben Ursprung, derselbe Geist leitet unsere Entwicklung und wir alle haben dasselbe Ziel, nur, wir haben in unterschiedlichen Zeiten unseren „Weg" begonnen.

# VI. DIE EVOLUTION IN DIE HÄNDE NEH-MEN

## DIE ZYKLEN SIND STUFEN

Es gibt geologische, physische, intellektuelle und spirituelle Zyklen. Wir erleben die verschiedenen Zeiten, in verschiedenen Menschengruppen, in unzähligen Zivilisationen und sind in immer neuen Nationen integriert, so haben wir die Möglichkeit, voranzuschreiten. Wir werden auch immer wieder neu geboren, wachsen und schreiten fort, bis wir wieder schwächer werden und sterben. Das geschieht mit jedem Körper, jeder Form, wie auch mit jedem Kontinent.

In der „Geheimlehre" von H.P. Blavatsky ist zu lesen, dass der voll entfaltete Mensch schon achtzehneinhalb Millionen Jahre eine führende Kraft auf der Erde ist. Es war die Zeit, während Erde und Mensch gemeinsam die geologischen und die physischen Zyklen durchlebten und gemeinsam lernten. Doch die Erschütterungen, die wir heute als Erdbeben, Vulkanausbrüche und Flutwellen erleben, sind unendlich sanft im Vergleich zu den Perioden auf der felsigen Erde, während ihrer ersten Stadien. Aber jeder Globus, wenn seine Kontinente in den Ozeanen versanken und als neue Länder wieder aus den Wellen emporstiegen, entwickelte sich selbst. In den vielen aufeinanderfolgenden Zyklen lernen und entfalten sich die Erde und die Menschengruppen gemeinsam.

Die Wandlung vollzieht sich weiter und weiter, in unzähligen Millionen von Jahren, mit immer neuen Menschengruppen und Kontinenten. Denn, von einem Tag auf den anderen kann kein Körper, wie auch kein Charakter, sich verändern, so wie sich die Oberfläche der Erde, während lang anhaltender Naturkatastrophen, immer wieder verändert. Die Überlebenden fanden ihre Zuflucht in den neuen Ländern, die genauso langsam aus dem Ozean emporstiegen, wie sie in ihrer früheren Heimat, im Laufe der Zeit, versanken.

Die Geschichte der Menschheit ist alt, und im Altertum wusste man, dass die großen Veränderungen der Erde nicht nur durch die Strömungen der Ozeane und der Vulkanausbrüche hervorgerufen wurden. Es ist nachweislich, dass sich die Pole schon mehrere Male verschoben haben. Auch die biblische Erzählung über die Sintflut bezieht sich auf Geschehnisse, als sich die Erdoberfläche wieder einmal völlig veränderte.

Das große kosmische Energiefeld, die sichtbar gewordene Energiekonzentration, nennen wir Universum. Energie bedeutet mit anderen Worten Leben. Und dieses Leben, diese Energie strömt durch den Äther, durch den Körper, in einer ständigen Bewegung und einem ständigen Austausch. Ob es eine Sonne, ein kleiner Planet, ein Mensch, ein Tier oder eine Pflanze ist, alles strahlt und empfängt Energien, entsprechend seinem durch die Evolution bereits Erreichten. Somit ist jede – das Leben umhüllende – „Form" ständig am „Wachsen", um in eine nächste Fähigkeit hineinzuwachsen. Die *Verarbeitung unserer vorangegangenen Leben ist gleichzeitig unsere Vorbereitung auf unser nächstes Leben.*

Heute stehen wir wieder am Anfang eines neuen großen Zyklus, den wir das Zeitalter des Wassermanns nennen. Auch die kommenden zweitausend Jahre werden, wie jeder große Zyklus, wieder viele kleinere Zeiteinheiten beinhalten und unmittelbare Schritte und Erfahrungen ermöglichen.

Wie wichtig sind unsere „Tal-und Berggipfel-Erfahrungen", all unsere Visionen und Enttäuschungen, als unsere wichtigen Erfahrungen! Die größte Dualität ist die zwischen unserer Seele und unserer Persönlichkeit. Denn, die Werte unserer Persönlichkeit sind mit unserer Vergangenheit verbunden, die wir auch repetieren möchten. Die Gaben der Seele hingegen zeigen auf morgen. Erreichen wir die Fähigkeit, die Werte von gestern und morgen zu einer Einheit zu verbinden, wird es ein schöpferisches Verschmelzen, eine wirksame Potenz, eine Gabe für unser Heute.

## DIE LEUCHTENDEN ENERGIEN UMHÜLLEN ALLES LEBEN

Hohe Lichtwesen, göttliche Gesandte des Himmels, begleiten unsere täglichen Schritte. Strahlende Lichtboten sind unter den Menschen, um sie zu stärken und sie auf ihren Lernwegen zu ermutigen.

Die Geschichte der Menschheit ist auch die Geschichte der großen Sendboten, die in den Stunden menschlicher Krisen ihre verborgenen Residenzen verließen, um zu inspirieren, zu helfen und die Menschheit erneut ein Stück des Weges zu führen und zu begleiten. Der Glaube liegt auch, tief verwurzelt, in den Seelen der Menschheit, dass ein großer Lehrer, ein Prophet, ein göttlicher Repräsentant aus der Welt der geistigen Wirklichkeiten erscheint, wenn die Menschheit Ihn dringend braucht. Sie kamen auch, in all den Zeiten und immer in den Stunden der Not, tragen unterschiedliche Namen und vermitteln verschiedene Botschaften. Doch alle weisen in dieselbe Richtung, lehren dieselben Gesetze der Liebe, in jenen Bildern und Worten, die der Zeit, der Kultur und dem Ort entsprechen.

Auch heute hoffen wir auf einen Boten des Himmels, dass Er die Menschheit aus ihren, immer größer werdenden, Krisen hinausführt. Die chaotischen Beziehungen auf unserer Erde haben ein Ausmaß erreicht, unter dem schon alle Schichten des Lebens leiden. Das Leben in der Familie, die geschäftlichen, die religiösen und politischen Gruppen, wie auch die gesamten internationalen Beziehungen. Es lebt ein Misstrauen zwischen Menschen und Nationen, ein fanatisches Anklammern an Lieblingswahrheiten und ein Bedürfnis nach Ausschließlichkeit.

Wir sind doch alle Kinder des Kosmos, von Licht und Liebe erfüllt. In unser aller Herzen brennt göttliches Licht, und doch kämpfen wir um verschiedene Lehren, Dogmen und Worte, wie vor unzähligen Jahren auf den mittelalterlichen Schlachtfeldern und erkennen nicht, dass in jeder Religion derselbe Grundgedanke verankert ist. Dass jede Religion, grundsätzlich, die Regeln des gemeinschaftlichen Lebens und den Glauben an den himmlischen Vater lehrt.

Durch wie viele Religionen haben wir schon Gott gesucht! Die erste große Religion unserer Zeit war schon zwischen 4000 bis 2000 v. Chr., noch in unserer Jungsteinzeit, der Megalith-Religion, der Kult der Toten, der Glaube an deren Fortleben. Zeugnisse dieses Glaubens waren der Megalith (griechisch, große Steine) und Gräber. Der bekannteste Steinkreis befindet sich heute noch in Stonehenge bei Salisbury. Diese großen, aufrecht stehenden Steine, Symbole für das Weiterleben, waren von Irland über ganz Europa, die Mittelmeerinseln, Nordafrika, Vorderasien, China, Japan bis hin nach Südamerika und zu den Osterinseln verbreitet.

Doch, nebst den vielen Formen des Glaubens, lebt in uns auch der Wunsch, die Wege des „Suchens", die Pfade des Wissens, die Wege des Verstehens zu gehen. Erkennen, dass auf diesen, nach Wissen suchenden Wegen – schon in all den Kulturen, Epochen und Rassen – viele schon gegangen sind. Dass jede Religion, auf den „oberen Etagen ihrer Religionsschulen", schon immer die Essenz der Lehre vermittelte. Das Wissen der alten Mysterien, die kosmischen Urgesetze des Lebens, schon immer lehrte.

Die religiöse Geschichte eines jeden Volkes wurde immer in Symbole gebettet und nie direkt ausgedrückt. Alle Gedanken und Gefühle, alles Wissen und alle Erkenntnisse aus früheren Erfahrungen wurden immer in Parabeln aufgezeichnet.

Alle, auch die die Menschheit noch heute begleitenden Religionen, genau wie die früheste Megalith-Religion, wie die

alte chinesische und die indische Urlehre, die Hindu- und zo-
roastrischen, chaldäischen und ägyptischen Religionen, wie
auch der Buddhismus, der Islam, das Judentum und das Christentum sind aus einem gemeinsamen und universalen Ursprung hervorgegangen.

*Die hohen Weisen, wie auch all die zahlreichen Boten des
Himmels, lehren unentwegt und unaufhörlich,* in unterschiedlichen Sprachen, in verschiedenen Bildern und Symbolen,
dieselben kosmischen Lehren, um uns ewig zu versichern,
dass:

Eine unüberwindbare Kraft und Liebe, ewig und zuverläs-
sig, unser Leben begleitet, und wir brauchen nur auf sie zu
vertrauen.


## WENN DIE ZEITEN SICH ÄNDERN


Wenn wir jetzt, am Anfang des 21. Jahrhunderts, die der-
zeitige Orientierungslosigkeit, mit den beiden vorausgegan-
genen historischen Übergängen, zwischen Antike und Mittelalter, beziehungsweise zwischen Mittelalter und Neuzeit, vergleichen, können wir eine Reihe Parallelen entdecken, die
sich in Religion, Kultur und sozialer Entwicklung bemerkbar
machen.


Auch heute erleben wir, dass eine neue Zeit beginnt sich
zu entfalten, und wir erfahren den Beginn eines neuen kosmischen Zyklus. Auch heute manifestiert sich die Unzufrieden-
heit gegenüber den etablierten Kirchen, und viele Menschen

sind auch heute auf der Suche nach einer spirituellen Erfahrung. Denn, jede Energieform erschafft eine bestimmte Art des Lebens mit ihren dazu gehörenden Gesinnungen, Gewohnheiten und Werten.

Das Wesentlichste im neuen Zeitalter ist, dass wir uns immer mehr um eine neue Form des Zusammenlebens bemühen werden, eine neue Form in Politik, Wirtschaft, Religion und in den sozialen Strukturen, dass daraus mehr Stabilität und Frieden erwachsen können. Nicht mehr Abermillionen an Hunger sterben und unzählige – in einer Welt der Fülle – heimatlos sind. Doch, als Allererstes, und das wird die größte Wandlung, die größte Veränderung der kommenden Zeit sein, wird sich das Bewusstsein der Menschheit verändern. Anders ist es ja gar nicht möglich, das Äußere ist immer die Reflexion des Inneren. Wenn wir innerlich zerrüttet und nicht in Harmonie mit uns selbst, mit unserer Umgebung, unseren Freunden und unserer Familie sind, können auch die äußeren Formen, die wir gestalten, die Zustände, die wir hervorrufen, alles, was wir zum Ausdruck bringen und um uns herum schaffen, nur disharmonisch sein. Erst wenn wir uns im Gleichgewicht befinden, kann auch unsere Umwelt ins Gleichgewicht kommen.

Ein Bewusstseinswandel verlangt eine allgemeine Aufgeschlossenheit. So suchen heute viele Wissenschaftler, Philosophen und Denker aller Art, auf allen Gebieten, Mittel und Wege, um die neuen „Wirklichkeiten", auf eine immer neue Art verstehen zu können. Nur durch die Bereitschaft kann sich eine vorhandene Realität verändern, ob unter dem Mikroskop oder unter der Kraft der Gedanken, durch Meditation oder durch andere individuelle Erfahrungen. Sogar die moderne

Quantenphysik hat das heutige Denken dazu gebracht, Ideen zu akzeptieren, die schon seit Jahrtausenden zu den Grundsätzen des spirituellen Wissens gehörten. Schon die Rishis der Vorzeit, die Meister der uralten Weisheit, haben von vielerlei Beziehungen, Zusammenhängen und Verknüpfungen zwischen dem Göttlichen und dessen Widerspiegelung in Menschen und Natur gesprochen, was die moderne Wissenschaft erst heute beginnt zu erforschen und für wahr zu halten.

Unser Bewusstsein ist nicht gespalten, sondern oft nur teilweise vorhanden. Wir sind uns unserer körperlichen Bedürfnisse bewusst und vor allem unserer emotionalen Bedürfnisse, und nur zu einem viel geringeren Grad sind wir uns unseres Denkapparates bewusst, weil wir einfach in übernommenen Mustern denken. Intuition und Inspiration sind die ersten Schritte auf dem Weg, auf dem der Mensch beginnt, sein eigenes Denken zu entfalten. Aber das erfordert Willenskraft, Bereitschaft und eigene mentale Entscheidungen, um das Wirkliche zu erkennen. Wir können nichts erreichen, wenn wir es uns wünschen.

Und wenn wir unseren eigenen Weg wirklich ernst meinen, müssen wir unsere Evolution selbst in die Hände nehmen. Der Weg besteht ja darin, dass wir uns bemühen, ihn zu gehen. Das Bewusstsein erweitert sich durch das Bestreben, zu dem zu gelangen, was über uns steht. Denn in der ganzen Schöpfung gibt es nichts, das nicht nach etwas strebt. Der kleine Grashalm, wie das größte Leben. Aber solange wir uns nur nach einem Idealzustand sehnen und nicht bereit sind, dafür unseren Willen einzusetzen, werden wir unser Ziel nie erreichen.

Das Höhere erreicht man nicht dadurch, dass man nur lieb und nett ist, sondern dadurch, dass man bewusster wird. Die Einweihungen, die Evolutionsprozesse, haben mit der zunehmenden Erweiterung des bewussten Wahrnehmens zu tun, mit dem zunehmenden Gewahrsein dessen, was auch sein könnte. Die Seelenqualität steht in Verbindung mit der Denkfähigkeit des Menschen, ist aber höherstehend, weil sie eine Vision hochhält, zu der der Mensch hinstreben kann. Aspiration entsteht durch das Gefühl, dass es auch Höheres gibt als nur das, was wir in diesem Augenblick kennen und verstehen.

## UNSERE PERSÖNLICHKEIT IST DUAL

Ein bewusstes Sein ist der Schlüssel zum Leben, nur wenn wir bewusst sind, ist wirkliches Leben in uns. Doch wie können wir mit den in uns wirkenden Kräften bewusst in Verbindung treten? Dem Kampf zwischen dem Persönlichen und dem Göttlichen in uns begegnen? In den hin- und herkippenden Wogen, von Wünschen und Schmerzen, uns selbst erfahren?

Wir glauben gerne, dass wir unser Selbst schon durch und durch kennen, doch wir wissen noch immer recht wenig von uns. Das kommt daher, dass unsere Persönlichkeit dual und damit zwiefältig ist. Unsere Wünsche und Leidenschaften sind schon vor langer Zeit, bereits während unserer Reisen durch die niederen Reiche der Natur, entstanden. Nun kommen wir, Leben um Leben, auf die Erde und all unsere Wünsche erwachen immer und immer aufs Neue. Aber, in uns entfaltet sich auch eine immer größere Denkfähigkeit, die Fähigkeit zur Willenskraft und Vernunft. Unser inneres Gegenüberstehen wird dadurch verstärkt, und wir können unsere althergebrachten Wünsche noch wirksamer erfüllen oder, diese bekämpfend, die neu erwachten Erkenntnisse stärken.

So leben wir in unserem gegenwärtigen Evolutionsstadium zwischen dem Nachgeben und dem Beherrschen unseres Selbst. Wir suchen den Weg zwischen dem Tierischen und dem Göttlichen in uns, und der gegenwärtige Zustand der Welt veranschaulicht nur allzu deutlich diese Situationen. Denn, einerseits sprechen die Völker über die Ideale des Friedens, es entstehen internationale Bruderschaften und Zusammenarbeit, doch andererseits spielen Habgier, Unwissenheit und die laute Stimme selbstsüchtiger nationaler Interessen noch immer eine enorm wichtige Rolle.

Sind unsere Bewusstseinsbereiche schon entfaltet, können uns auch die inneren Impulse, denen wir bis jetzt noch so stark unterworfen waren, nicht mehr beherrschen. Sind wir bereits Meister unseres Selbst geworden, entsteht in uns jene Selbstdisziplin, die auch unseren Charakter verändert. Haben wir schon erkannt, dass die Rückschläge im Leben mit uns selbst zu tun haben, werden auch die Zeiten des Selbstmitleids enden und Mut, Willenskraft und Ausdauer an ihre Stelle treten.

Selbstbewusstsein bedeutet Selbsterkenntnis, sich seines Selbst, als einem individuellen Wesen, immer bewusster zu werden, dass sich durch Charakter und Eigenart von allen anderen Wesen unterscheidet. Im bewussten Sein werden wir unsere wirkliche Beziehung zum Leben und unsere Verbindungen zu den anderen immer klarer erkennen. Durch die Begegnung mit unserem Selbst wird uns auch jene Möglichkeit bewusst, dass wir uns ändern, entwickeln und dadurch unsere ganz eigenen Ziele verwirklichen können. Mit einem errungenen Selbstbewusstsein taucht zum ersten Male auch die Fähigkeit für den wirklich freien Willen auf. Ein Erkennen, dass wir unseren Willen immer bewusster, entweder für unsere egoistischen Zwecke verwenden, oder dem Ruf der inneren Stimme unterordnen können. Das sind dann jene Entscheidungen, in welchen der Kampf der menschlichen Evolution stattfindet. Die Entfaltung von innen her, durch die Entscheidungen, die wir Tag für Tag und immer aufs Neue fällen müssen.

So pendeln wir über lange Zeiten - durch unterschiedliche Erfahrungen – hin und her, bis wir stark genug sind, unsere Entschlüsse bewusst zu fassen. So ist die Bewusstwerdung ein „Sich-selbst-Begegnen", ein Erkennen der Seelenverbundenheit, eine Bereitschaft für ein Leben in der Ganzheit.

## WIE WIR ERFÜLLUNG ERLEBEN

Erfüllung bedeutet Dankbarkeit, Vertrauen und Freude, doch, wie finden wir zu ihr, wer von uns träumt nicht davon? Wie schaffen wir diese Harmonie, diese Sinnhaftigkeit, diese Zufriedenheit, die Erkenntnis, dass unser Leben mehr ist als nur die Summe der Tage?

Und, wer lebt schon in dieser Fülle? Sie fällt ja niemandem in den Schoß und die wenigsten von uns beginnen ihr Leben mit den klaren Vorstellungen darüber, was sie werden wollen. So tun wir, Tag für Tag, das, was wir tun müssen, um unseren Lebensunterhalt zu verdienen und unsere Familie zu versorgen. Wir tun, was man uns gelehrt hat zu tun, wenn man ein Teil einer Gemeinschaft ist. Nur, manchmal fühlt es sich so an, als ob wir schon wüssten, wohin es uns zieht, und dann trauen wir es uns doch nicht zu. Unsere Herzenswünsche sind so tief in uns verborgen, dass wir selbst nicht mehr wissen, wo unser wirkliches Glück liegt, was wir mit unserem Leben tun sollen, wie wir es ändern könnten.

Für viele von uns ist der Begriff „Erfüllung" auch eher mit dem Gefühl „Sehnsucht" verbunden, mit dem Gedanken: „Wenn ich hätte, wäre, könnte ..." Doch das Glück, das wir uns in solchen Träumen wünschen, sind Luftschlösser und sie bleiben auch nur Träume. Erfüllung finden wir nur, wenn wir uns auf die Suche machen und mit unserem allerersten Schritt in uns hineinschauen und fragen: Waren unsere bisherigen Entscheidungen und Überzeugungen wirklich unsere eigenen Gedanken? Folgten wir nicht einfach den gegebenen Regeln der Familie, unserer Kulturen, unserer Traditionen?

Wäre es dann nicht an der Zeit, dass wir unsere Wegrichtung hinterfragen, uns von der Vergangenheit verabschieden und unsere eigene Individualität hervorbringen? Die übernommenen Wertungen steuern höchstwahrscheinlich unser ganzes Leben, und die alten Denkweisen beeinflussen noch immer unsere Liebe, unsere Freundschaften, unsere intellektuelle Entwicklung, sogar unseren Beruf. Sie bestimmen die

Art, wie wir mit unserer Familie leben und welche Glaubensmuster wir in uns tragen. Die Zeit ist reif, dass wir uns auf die Suche nach unserer eigenen Erfüllung machen, uns von all den Erwartungshaltungen befreien und auch all die Vergleiche loslassen.

Aber das theoretische Abwägen allein nützt uns nichts, nur die Erfahrungen ermöglichen das Erkennen. Nur die Erfahrungen ermöglichen, dass wir dem begegnen, was wir wirklich lieben, nicht weil es „in" ist oder weil es empfohlen wurde, sondern, weil wir es vielleicht schon seit unserer Kindheit liebten. Erfüllung hat viele und sehr unterschiedliche Gesichter. Für den einen ist es ein Leben im Einklang mit der Natur, für den anderen der selbstlose Dienst am Nächsten. Manche finden Erfüllung im Lernen, andere im Lehren. Viele engagieren sich für eine Aufgabe, andere führen lieber ein stilles, bescheidenes Leben, ohne große Höhepunkte, und ihr Leben scheint erfüllt zu sein. Es zeigt sich im Verhalten und in den Energien der Menschen, ob ihr Leben erfüllt ist oder nicht, man spürt es an ihrer inneren Zufriedenheit und an der Kraft, die sie versprühen.

Dankbarkeit lässt uns im Jetzt sein, ohne Bedauern über das, was war, und ohne Sehnen nach dem, was nicht wurde oder hätte sein können, denn all das brachte uns hierher, zu dieser Schwelle, die das Neuwerden ermöglicht.

Haben wir Vertrauen, sind wir unangreifbar gegenüber all den Zweifeln und Widerständen des Lebens. Unser tiefes Vertrauen verbindet uns mit einer großen Liebe, die uns die Gedanken schenken, dass wir geliebt und begleitet werden. Gedanken, die allen aufgewühlten Emotionen Widerstand leisten können.

Sind wir bereit zur Freude, wird sie die Grundlage für unsere Erfüllung sein. Die Erde schenkte unserer Seele den Körper, dass wir das Leben und die Freude erleben, die Möglichkeit, unserer Erfüllung entgegenzuwachsen. Und, genau wie unsere Seele, folgt alles Leben dem Sog des Lichts wie auch die Bäume, die Blumen, die Ähren auf den Weizenhalmen und wir alle zusammen erleben strahlende Sonnentage wie auch solche mit Sturm, Regen und Gewitter. Doch der Himmel umarmt uns auch an diesen Tagen, wenn wir seine Strahlen nicht sehen, wenn wir seine Wärme nicht spüren. Freude ist das Wissen, dass wir alle zusammengehören, dass wir alle wachsen möchten, dass alles Leben demselben Ziele folgt.

Das Wissen, in einer großen Gemeinschaft integriert zu sein, macht dankbar, schenkt Vertrauen und Freude, denn wir brauchen einander. Geben und Nehmen sind wie Einatmen und Ausatmen, wie Hand in Hand der Erfüllung entgegenzuwachsen.

## DIE INNERE REIFUNG

Der Mensch wächst in seinem jeweiligen irdischen Leben physisch, seelisch und geistig. In seinem Erdenleben durchläuft der Mensch alle Altersstufen von der Geburt, über Säugling, Kleinkind und Schulalter, die Pubertät und die Stufen des Erwachsenenalters. Dasselbe ereignet sich auch in seiner inneren Entwicklung. Auch da durchläuft er seelisch und geistig alle Altersstufen vom Neugeborenen über den Heranwachsenden bis zum Erwachsenen. Nur selbstverständlich nicht in einer, sondern in unendlich vielen Inkarnationen. Das Wachstum der Seele des Menschen bedeutet, dass er innerlich, seelisch und geistig, immer reifer wird.

Gegen Ende seiner inneren Entwicklung wird er innerlich alt, was aber nicht identisch ist mit einem hohen biologischen Alter, sondern er wird zu einer wahren Persönlichkeit, deren Alter eher zeitlos scheint. Doch seine Entwicklung ist damit noch nicht beendet, sie geht weiter, bis der Mensch, besser gesagt seine Seele, zu einer Lichtgestalt geworden ist.

So wachsen wir in jedem Erdenleben einerseits biologisch und entwickeln uns andererseits auch seelisch-geistig. Also wir verändern uns in einer Inkarnation, gleichzeitig auf zwei Ebenen, einmal als Person und zum anderen in unserer inneren Entwicklung. Diese Doppelspurigkeit in der Entwicklung führt dazu, dass wir in jedem Leben ein zweifaches Alter haben: ein biologisches und ein inneres. Das biologische Alter zeigt an, wie viel Zeit wir schon in einer gegenwärtigen Inkarnation verbracht haben, aber das innere Alter ist nicht von der Zeit, sondern vom Entwicklungsstand abhängig.

Entsprechend sind sehr viele, biologisch Erwachsene, die innerlich noch Kinder sind, aber es gibt genauso jene, die im biologischen noch Kinder, doch zeigen sie eine manchmal erstaunlich große innere Reife. Sie sind schon in ihrem inneren

Alter bereits erwachsen, auch wenn sie physisch noch Kinder sind.

Dieses zweifache Alter ist der Grund dafür, dass man nicht von jedem Menschen dasselbe erwarten kann, auch nicht ein Benehmen, das seinem physischen Alter entsprechen würde. Wenn jemand schon erwachsen ist und sogar alt, aber innerlich noch ein Kind, kann er noch vieles nicht tun und Verantwortung übernehmen wie jemand, der auch innerlich schon erwachsen ist. Die Erziehung kann fördern oder hemmen, was in den Menschen schon vorhanden ist, doch ihre Mentalität kann sie nicht verändern.

Dadurch kann nicht jeder physisch Erwachsene einsichtig, liebesfähig und mitfühlend sein. Denn nicht das physische, sondern das innere Alter entscheidet darüber, was ein Mensch fühlt, denkt und wie er handelt, was er glauben und nicht glauben, was er sich vorstellen und was er sich nicht vorstellen kann. Denn alles, was im Menschen seelisch vor sich geht, hängt von seiner Mentalität ab und die Mentalität ist durch das innere Alter bedingt.

Die Mentalität wird durch das Verhalten sichtbar. Es zeigt sich im Tun und Denken, in den Vorstellungen und im Glauben, in den Interessen und Gewohnheiten. Die Eigenschaften für Kinder sind Egozentrik, Ich-Bezogenheit und Erwartungen auch von Liebe ohne Gegenleistung. Auch das Festhalten an Vorstellungen und die Identifikation mit Mitgliedern der Familie, der eigenen Gruppe oder von Besitz. Im inneren pubertierenden Alter sind Streitbereitschaft, Kampflust, Rechthaberei, Aggressivität und Destruktivität ausgeprägt und deren Kehrseite sind Selbstmitleid, Sentimentalität, Wehleidigkeit und als Folge Rachsucht und Hass.

Es ist eine lange Zeit zu den nächsten Entwicklungsstufen, bis zu einer beginnenden und zunehmenden Einsichts- und Liebesfähigkeit, bis jemand hilfsbereit und wahrheitsliebend wird und sich immer weniger für sich aber immer mehr für andere einsetzt. Dann beginnen wir langsam auch innerlich erwachsen zu werden.

Jede Stufe des inneren Alters gehört zum natürlichen Wachstum der Seele. Jeder Mensch durchlebt die Zeiten der Erfahrungen des inneren Älterwerdens, durch zahllose Inkarnationen, weil für das innere Alter ein Tag mit einer Inkarnation gleichzusetzen ist. Und da der Mensch durch alle Altersstufen geht, tut er im Laufe dieser enormen Zeit, die er für seine innere Entwicklung braucht, viel Gutes wie auch Schlechtes. Darum ist kein Mensch besser als der andere, nur steht vielleicht jemand auf einer anderen Altersstufe in seiner inneren Entwicklung als der andere. Das, was der eine noch vor sich hat, hat der andere bereits hinter sich.

Der Mensch tut, auf jeder Entwicklungsstufe, auf jeder Teilstufe nur das, wozu er fähig ist. Aber alles, was er tut, gehört auch zu seinem inneren Wachstum und dient dazu, dass er innerlich fortlaufend reifer wird. Jeder wächst aus seinem gegenwärtigen Zustand hinaus, jeder wird innerlich immer älter, und, mit zunehmendem innerem Alter, steigt auch die Qualität seiner Fähigkeiten. Aber vor allem seine Mentalität wandelt sich. Ist jemand heute noch kampflustig, streitsüchtig und führt Kriege, wird er morgen für eine gute Sache kämpfen und übermorgen Versöhnung und Frieden stiften. Aber es braucht Zyklen von der Möglichkeit der Erfahrungen, das heißt Inkarnationen, bis Änderungen eintreten.

Jeder Mensch durchlebt alle Phasen des Erwachsenwerdens, doch jeder auf einem anderen Weg. Jeder wächst, physisch wie innerlich, auf eine andere, individuelle Weise, verteilt auf die ganze immense Länge der Entwicklung. Und jeder ist ein Kind Gottes, jeder ist Gott immer und überall gleich nahe, auch wenn jeder auf einer anderen Stufe steht.

## DIE VERGEBUNG IST DER WEG ZUR INNEREN FREIHEIT

Die Frage ist: Wollen wir recht haben oder glücklich sein? Der erste Schritt zur inneren Freiheit beginnt, wenn wir akzeptieren, dass etwas geschehen ist, was wir nicht mehr ändern können. Manche Situationen im Leben sind Übungsfelder, in denen das „Geschenk des Wachsens" verborgen ist. Aber, unsere prompte Reaktion auf das, was uns zustößt, läuft meistens automatisch ab, und wir sprechen die anderen ziemlich schnell schuldig, ohne dass wir unseren Anteil an den Geschehnissen beachten. Kennen wir überhaupt unsere Reaktionen auf das Leben? Reagieren wir spontan oder übernehmen wir die Verantwortung bei einem Geschehnis und handeln dann entsprechend?

Warum ist die Vergebung so grundlegend wichtig? Denn, wenn wir nicht vergeben, vergiften unsere Gedanken uns selbst, und wir werden krank. Ganz gleich, ob es um Kleinigkeiten geht, wie, wenn uns jemand die Vorfahrt verweigert oder Kollegen, die über uns Lügen verbreiten oder wenn ein Vertrauensbruch geschieht. Der „Täter" tut oder sagt einmal etwas, und das war es auch schon. Wir aber verstärken diese Geschehnisse, indem wir es immer wieder vor unserem geistigen Auge abspulen und unsere Emotionen aufpeitschen. Wir halten die Wunde offen, empfinden uns als Opfer und haben keinen Frieden mehr in uns.

Nur, die Vergebung kann uns aus dieser energetischen Verstrickung befreien, und den Ballast des Geschehens und die Schwere unserer negativen Gefühle über Bord werfen, um mit voller Zuversicht wieder nach vorne zu blicken. Natürlich, es behauptet auch niemand, dass eine Vergebung leicht ist. Umso weniger, wenn die, die uns etwas zugefügt haben, die Tat nicht einmal bereuen, und auch nicht bereit sind, um Verzeihung zu bitten. So sträubt sich alles in uns dagegen, dass die Verursacher so einfach davonkommen sollen. Wir würden mit der Vergebung auch verleugnen, dass uns überhaupt ein Unrecht geschehen ist, und schließlich möchten wir nicht der „Dumme" sein, der immer nur nachgibt. Halten wir aber an der Wut fest und geben ihr Macht über unser Leben, wird unser Ego gewinnen, und beherrscht uns bald ganz. Ein Ego, das mit Unversöhnlichkeit, Neid, Angst, Zweifel und Missgunst verknüpft ist.

Die Vergebung kann selbst uralte Verletzungen heilen, genau, wie eine Psychotherapie, nur entsprechend länger dauert. Denn, unsere Gefühle sollen nicht verdrängt, sondern verarbeitet werden. Und, wir brauchen dazu Zeit und Raum, schließlich ist die Vergebung kein Deckel, womit wir die negativen Gefühle hinunterdrücken, damit sie nicht an die Oberfläche kommen. Darum ist es sehr individuell, wie lange es dauert, bis unsere Bemühung wirkt und sich die Türe, zum inneren und zwischenmenschlichen Frieden, wieder öffnet.

In jeder großen Religion ist das Konzept des Vergebens auch eine wichtige Lehre, ohne die nicht nur das menschliche Miteinander, sondern auch die individuelle Heilung nicht möglich wäre. Was für ein Trost ist die Annahme, dass das Schicksal, wie ein göttliches Prinzip, wie eine führende Hand, unsere Wege ebnet und uns Möglichkeiten zur Wandlung und zum Wachstum vermittelt! Das Festhalten an alten Wunden und negativen Gefühlen verursacht massive seelische und körperliche Auswirkungen. Die Vergebung ist ein „Akt des Herzens", bei dem es vor allem um die Verbindung zu Gott in unserem Herzen, in unserer Seele geht, um unsere Beziehung, die uns durch das Du mit dem Universum und den kosmischen Energien verbindet.

Oder sollten wir als Erstes uns selbst vergeben? Vergeben, dass wir nicht perfekt sind und zeitweise auch negative Gefühle haben, dass wir noch immer nicht fähig sind, so zu leben, wie wir wirklich sind. Denn wir werden erst dann fähig, anderen zu vergeben, wenn wir uns selbst schon, mit all unseren menschlichen Schwächen, vergeben haben, wenn wir mit uns selbst schon nachsichtiger und verständnisvoller geworden sind. Erst dadurch können wir unsere Mitmenschen, mit all ihren vielen Andersartigkeiten, auch ohne Vorbehalt annehmen, und ihnen mit Liebe und ohne Angst begegnen.

Haben wir unsere eigenen Schuldgefühle noch nicht erkannt, projizieren wir all unsere anklagenden Gefühle auf das Gegenüber. Kennen wir unsere eigenen Stärken und Schwächen noch nicht, erleben wir all das, was wir verurteilen, in ihm, der uns gegenübersteht. Darum treffen wir in all unseren Begegnungen auf einen möglichen „Feind", was uns auch eine ständige Lebensangst verursacht. Aus vergangenen Leben noch in uns wirkende unbewusste Schuldgefühle vermitteln uns ein dauerndes Gefühl der Angst. Wir sind höchst misstrauisch und erwarten ständig die Möglichkeiten eines Angriffs. Diese unbestimmte Angst ist auch zuständig für die Entstehung von Süchten, Depressionen und für viele psychosomatische Erkrankungen.

Haben wir Mühe, unserem verletzten Sein zu vergeben, wirkt in uns die Wichtigkeit unseres eigenen Egos. Wenn ein Ego wichtig sein will, beachtet es weder die Leute noch die Liebe im Leben.

## DIE RHYTHMEN DES LEBENS

Das Leben ist in einer Vielzahl von kleineren und größeren Rhythmen integriert. Der große Atem des Werdens und Vergehens lässt die Sonnen genauso verglühen, wie er sie durch die „schwarzen Löcher" wieder entstehen lässt. Das Gesetz des pulsierenden Lebens beeinflusst den Werdegang der Gestirne, die rhythmischen Inkarnationen der Seelen, die jahreszeitlich bedingten Ruhepausen für Tier und Natur, wie auch die abwechselnde Aktivität und Passivität in unserem Leben.

Wir sind ein Teil der Natur und alle Reiche dieser Erde sind untereinander genauso verbunden, wie auch wir mit den in der Ferne funkelnden Sternen. Folgen wir den Gesetzen der Rhythmen nicht, können unsere Kräfte in Unordnung geraten.

Viele unserer physischen und psychischen Schwierigkeiten sind auf dieses Unvermögen zurückzuführen.

Viele von uns leben noch nicht bewusst. Wir sind noch meistens mit Empfindungen beschäftigt, mit unseren sinnlichen Bedürfnissen, mit Bemühungen, unsere vielen verschiedenen Wunschziele zu erreichen. Die Folge dieser anhaltenden, inneren Stresszustände ist Reizbarkeit. Wir leben in Kummer, akuten Angstgefühlen und Depressionen. Das bedeutet, dass wir in einem Bewusstseinszustand des „Ich-bin-der-Mittelpunkt" leben, der Druck und Unwohlsein schafft. *Ein unausgewogenes Leben, mit starker Passivität oder Überaktivität, lässt in uns physische Beschwerden hervortreten.*

Gleichgewicht entsteht durch bewusste Einsichten, durch die ausgewogenen Rhythmen des Nehmens und Gebens, des Loslassens und Annehmens. Die langen gehegten und gepflegten, liebgewordenen Ideen loslassen, weil es an der Zeit ist, diese wegzugeben. Ideen, die gestern noch gut waren, können nicht auch heute noch gut sein.

Es sind die Zeiten, in denen wir lernen, die Gegenwart von den Zwängen des Gestern zu befreien und uns, mit unserer geistigen Erweiterung, mit den höheren Dimensionen zu verbinden. So erreichen wir den Punkt, wo unser echtes Loslassen beginnt. Die Zeiten, wenn Rang und Namen, Hab und Gut für uns nur noch das Äußere des Lebens verkörpern und wir bereit sind, unsere Einstellungen darüber, wer wir sind, was wir brauchen und was wir sollten, zu ändern. Damit werden wir wirklich bereit, zum großen Schritt, den wir „Loslassen" nennen.

Doch das erscheint oft wie ein „Sich-Fallenlassen", wie ein „Sich-Hinzugeben" an etwas, das nicht sichtbar, nicht greifbar, nur innerlich fühlbar ist. Diese Situation könnten wir am besten mit dem folgenden Bild vergleichen:

- Ein kleiner Bach fließt ohne Eile im hellen Sonnenschein durch eine kleine Bergwiese. Sein Fließen ist gemächlich vor sich hinplätschernd, hier Steine umspülend, dort sich unter Blattgewächs versteckend. Doch dann findet dies alles ein jähes Ende. Ein abrupter Geländeabfall unterbricht diese ruhig fließende Bewegung. Der Bach fällt plötzlich mit einem Sturz ins Nichts und das Wasser saust wie haltlos mit einem tosenden Schrei in die Tiefe. Aber etwas weiter unten wird dieser Fall von einem hervorstehenden Felsen unterbrochen. Aus dem vertikalen Sturz wird ein Hinausstrahlen, ein Versprühen des Wassers, und aus dem Fall ein Fliegen, aus dem Schrei ein Singen. Ein richtungsändernder Fels ermöglicht dem Wasser, sich mit dem Licht zu verbinden. Nun füllt sich jeder einzelne fliegende Wassertropfen mit Licht und Kraft, um weiter unten im Tal, mit erneuter Energie, dem Bestimmungsort entgegenzueilen.

Könnten wir nicht auch annehmen, dass jeder „Absturz" in unserem Leben „weiter unten" auf einen „Fels der Erkenntnis" treffen kann, der uns das „Fliegen" und das „Singen" lehrt, damit wir danach, mit neuen Kräften und neuen Qualitäten unseren Zielen entgegenschreiten?

Das richtige Handhaben von Krisen ist das Kennzeichen eines wirklich Suchenden. Jede Krise, die auf uns zukommt und der wir bewusst begegnen, bringt uns zu dem Ort, wo schon eine erweiterte Vision und neue Erkenntnisse auf uns warten. So sind es die Rhythmen, die kleinen und großen Veränderungen des Lebens, die uns zu neuen Ufern begleiten.

# VII. DIE GEISTIGE FÜHRUNG

## DIE ANKUNFT DER GEISTIGEN HIERARCHIE

auf unserem Planeten, vor vielen Millionen Jahren, hat in allen Reichen dieser Erde eine Entwicklung hervorgerufen. Im Mineralreich erhielten bestimmte Gesteinsarten eine stärkere Stimulation und wurden radioaktiv. Im Pflanzenreich setzte eine chemische Veränderung ein, die die Übergänge vom Pflanzenreich zum Tierreich erleichterte. Und die Seelen, in den noch fast tierischen Körpern, bekamen eine stärkende Unterstützung für ihren evolutionären Weg, Richtung geistiges Reich. Denn diesen Weg muss niemand allein gehen. Alle Reiche der Natur stehen untereinander in Verbindung und jedes geht einmal in das nächstfolgende über.

Dabei begleitet die geistige Bruderschaft – mit all ihrer fürsorglichen Liebe – das Leben auf unserer Erde. Diese Hierarchie des Lichts ist auch noch heute in unserer Nähe. Unsere großen Brüder leben mit uns und überwachen die Schicksale dieses Planeten, lenken seine Ereignisse, begleiten seine Entwicklung und werden uns bis zu unserer Vollkommenheit führen.

Ihre Botschaften, die schrittweisen Enthüllungen von den immer umfangreicheren Wahrheiten, begleiten die Geschichte der Menschheit. So erwarten wir auch in unserer jetzigen Zeit das Kommen von Maitreya, dem Christus. Nur leider – hier im Westen – beschränken sich unser Wissen allein auf das Christentum, wenn wir auch in den uralten Mythen und Legenden und auch in den späteren heiligen Schriften Berichte über das Leben und die Lehren von anderen, auch viel älteren Lehrern, und Avatare finden. Aber unsere Konzentration auf das Wirken von Jesus in Palästina macht uns blind und beeinträchtigt unser Verständnis für den Beitrag anderer Avatare und Glaubenslehren. So fällt es von uns – durch diese enge Sichtweise – schwer, das Auftreten eines weiteren Weltlehrers zu akzeptieren.

Jeder einzelne Avatar hat immer jene Lehren in die Welt gebracht, durch welche, für die Menschheit, als nächster Schritt möglich werden konnte. Einer der ersten dieser Lehrer trat in so fernen Zeiten auf, dass eine Datierung unmöglich erscheint und nur eine uralte Legende die Erinnerung an seine Taten wachhält. Herkules, der „Held und Lehrer", vermittelte: dass man die großen Ziele nur durch überstandene Kämpfe und Schwierigkeiten erreichen kann. Vyasa war ein anderer großer Avatar der Frühzeit, der der Menschheit die Botschaft brachte, dass der Tod nicht das Ende ist. Es gab natürlich – zwischen den Zeiten von Vyasa und Buddha – auch noch viele andere Lehrer. Buddha war ein besonders großer Avatar, der im Osten erschien. Er kam, um die Wichtigkeit für eine bewusstere Einstellung zum Leben aufzuzeigen und die Gedanken zu vermitteln, dass wir den Weg zu den Lehren Christi vorbereiten sollten. Er beantwortete die Fragen nach dem „Warum" und lehrte, dass der Mensch sein Leid selbst verursacht, indem er seine Wünsche ausschließlich auf das Materielle und das Vergängliche richtet. Er manifestierte auf Erden den Weisheitsaspekt Gottes, so wie Christus die Verkörperung des Liebesaspektes ist.

Nun führen diese beiden großen Avatare Ihre Arbeit gemeinsam weiter, denn Buddha unterstützt Maitreya, den Christus, in seiner jetzigen Mission für die Welt. Meister DK vermittelte schon vor über 100 Jahren durch Alice Bailey, dass Buddha um die Zeit der Wiederkehr des Christus zwei geschulte Jünger senden wird, um den Buddhismus zu reformieren, wie auch Meister Jesus die Führung seiner Kirche wieder übernehmen wird – wenn die Zeit dafür reif ist.

## GROSSE LEHRER, GÖTTLICHE BOTEN BEGLEITEN DIE MENSCHHEIT

In den früheren Jahrtausenden, als noch viele große Meister, in physischen Verkörperungen, auf unserer Erde lebten, konnten wir durch ihre Lehren die größeren Zusammenhänge besser verstehen. Durch sie erhielten wir die Erkenntnisse über den Aufbau des Lebens.

Diese Lehrer, wenn auch unsichtbar, begleiten heute noch die Menschheit, um uns helfend beizustehen, bis wir durch Erfahrungen wachsen und selber, Ebene für Ebene, die größeren Zusammenhänge erkennen.

Doch, wer sich nur am Rande um das kümmert, was über das Alltägliche hinausgeht, wird nur eine geringe Anziehung zu den höheren Wahrheiten verspüren. Wer aber begonnen hat, intuitiv zu denken und zu fühlen, wird sich unwiderstehlich zu den alten Weisheiten hingezogen fühlen.

Die geistige Hierarchie der Erde hat schon in den früheren Entwicklungsstadien die Menschheit begleitet. Boten dieser geistigen Hierarchie leiteten schon die jugendlichen Völker, gaben ihnen ihre Verfassungen und ihre Gesetze, herrschten über sie als Könige, belehrten sie als Philosophen und übernahmen als Priester ihre religiöse Führung. Alle Völker des Altertums blickten auf solche machtvollen Männer, Halbgötter und Heroen zurück, die in der Literatur, in der Architektur und in der Gesetzgebung ihre Spuren hinterließen. Sie waren bei der Menschheit, in deren Kindeszeitalter, als Lehrer und Führer und lehrten die einzelnen Rassen und Völker, der Reihe nach, die Grundwahrheiten. Sie haben das Wissen immer in solchen Formen und in solchen Symbolen dargeboten, dass die Menschen dieser Zeit sie verstehen konnten. „Und immer und immer wieder, wenn es notwendig ist, bringen sie die Wahrheit für die Menschen aufs Neue." (Die Geheimlehre.)

Doch unter Kaiser Theodosius II., 450 n. Chr., werden die Mysterienschulen – das „Heidentum", wie er sie nannte – aus dem ganzen römischen Reich, zu dem damals auch Mazedonien, Kreta, Syrien und Ägypten gehörten, verbannt. Und, 529 n. Chr. ließ Kaiser Justinian auch die letzte philosophische Schule in Athen – die von Plato gegründete Akademie – schließen. Alles, was nicht christlich war, wurde verfolgt und unterdrückt. Auch der Satz: „Das Hinaufsteigen zur Göttlichkeit geht über den Weg des Wiedergeborenwerdens", wird aus dem christlich-orthodoxen Glaubenswissen gestrichen und verbannt. So wurde die alte Lehre der Wiedergeburt, am Konzil von Konstantinopel um 553, vom byzantinischen Kaiser Justinian gelöscht.

In dieser Zeit des Umbruchs erleben die Naturwissenschaften wie Geometrie, Astronomie, Geographie und Mathematik, einen bis dahin nie erreichten Aufschwung, während Philosophie und Erkenntnistheorie eine getrennte Schule bilden. Diese Polarisierung spaltet die Wissenschaft, bis in unsere Zeit, in zwei Lager und bildet ein großes Hindernis auf dem Entwicklungsweg der Menschheit.

Doch, vielleicht war der wahre Grund für die Schließung der Mysterienschulen die innere Schwächung der Mitglieder. Dieser unvermeidliche Prozess und Kreislauf der Natur, der alles durch die Perioden von Geburt, Wachstum, Reife und Verfall gehen lässt. Die Mysterien hatten im Laufe der Jahrhunderte ihre Heiligkeit verloren. Zu zahlreich waren schon diejenigen, die nicht wegen ihrer inneren Entwicklung, sondern aus weltlichen Gründen, in die Gemeinschaft aufgenommen wurden. Aus den heiligen Riten wurde ein oberflächlicher Dienst. Dogmen und die Priesterschaft nahmen zu und der Geist der Wahrheit nahm ab, und das „Licht" wurde einmal mehr zurückgezogen.

„So wurden die wenigen Hierophanten wieder zu Wanderern und suchten, als kleine Gemeinschaften, in der Wüste und in den Gebirgen Zuflucht, wie auch die Essener. Diejenigen, die die Meere nach Indien und sogar in die Neue Welt überquerten, schworen sich durch feierlichen Eid, Stillschweigen zu bewahren und ihr heiliges Wissen und ihre heilige Wissenschaft geheim zu halten. Die Adepten zogen sich weiter und weiter in die verborgensten Winkel des Globus zurück und wurden tiefer als je zuvor vor dem menschlichen Blick verhüllt." (Die Geheimlehre.)

Diese Zerstörung betraf nur den Vorpfosten der Mysterien, während der Kern und das Herz, die Bruderschaft des Lichts, unversehrt blieben. Diese Gemeinsamkeit der Lehrer wird in der heutigen Sprache als die „Bruderschaft der Weißen Loge", die geistige Hierarchie der Erde bezeichnet, die die Entwicklung der Menschheit überwacht und die alten Wahrheiten unversehrt bewahrt hat.

Sie haben ihre Entwicklungsprozesse längst vollzogen. Doch diese Adepten haben uns Hilfe gewährt, von den ältesten Zeiten an und noch immer. Sie unterweisen die Schüler durch eine innere Führung, zeigen ihnen den Pfad und lenken ihre Schritte. Eine Schulung, die nicht nur darauf ausgerichtet ist, spirituellem Licht zu begegnen, sondern zu lernen, jeder Dunkelheit mit Gleichmut zu begegnen. Ein selbstloses Sehnen nach Wissen, um den Menschen beistehen zu können.

## DAS LICHT DER LIEBE BEGLEITET UNSERE WEGE

Die Geschichte der Menschen ist im Grunde genommen auch die Geschichte der großen göttlichen Söhne, die von Zeit zu Zeit – in den Stunden menschlicher Krisen – ihre verborgenen Residenzen verlassen, um zu helfen und die Menschheit erneut ein Stück des Weges zu begleiten. Große Lichtwesen, göttliche Gesandte des Himmels, übernehmen immer wieder die wegweisenden Aufgaben, die Begriffe der Liebe neu zu formulieren. Ihre richtungsweisenden Gedanken sind mit den kosmischen Energien, mit den sich entfaltenden Schritten der Evolution, verbunden.

Beim Zurückschauen sind es zwei große Geistesströmungen, die wir erkennen, die unser Denken und Handeln abwechselnd beeinflussen. Folgen wir der semitischen Linie, gelangen wir über Moses nach Ägypten, dessen Tempel auf eine Tradition von dreißigtausend Jahren zurückgeht. Wenn wir der vedischen Linie folgen, kommen wir nach Indien, wo sich die erste große Zivilisation entwickelte.

Somit sind, sowohl Indien als auch Ägypten, die erhabenen Ahnen unserer Entfaltungen.

Einige dieser großen Lehrer waren: Hermes – ca. 7000 v. Chr. – der in Ägypten die heilige Wissenschaft errichtete. Rama – ca. 5000 v. Chr. – ist der Begründer der vedischen Religion. Krishna –ca. 3000 v. Chr. – lehrte die Unsterblichkeit der Seele und ist der Begründer der nationalen Religion Indiens. Moses – ca. 1300 v. Chr. – war ein ägyptischer Eingeweihter, der aus den Hebräern ein kämpferisches Volk hervorbringen wollte. Buddha – ca. 500 v. Chr. – war ein Reformer und Reiniger der brahmanischen Religion und durch Jesus – 0 bis ca. 33 n. Chr. – offenbarte sich Gott den Menschen immer aufs Neue.

All diese großen Gottessöhne brachten das Gesetz der Liebe und immer in einer Form, die der menschlichen Entwicklung entsprach. Denn das Bewusstsein der Menschheit entfaltet sich immer weiter und sucht auch immer auf eine neue Art die Verbindung, die Erklärung und das Verstehen von Ihm, den wir als die höchste Liebe über uns spüren und erkennen. Die Menschheit sehnt sich nach einer göttlichen Führung, nach einem göttlichen Schutz.

So erhielten wir schon, in all den Zeiten unserer Wanderschaft, viele Worte, Rituale und Gesetze, und immer entsprechend, wie wir es verstehen konnten. Wir gingen auch schon
viele schmale Wege, wenn uns das als die einzige Möglichkeit einer Gottesbegegnung vermittelt wurde. Lange Zeiten
und viele Erfahrungen braucht die Seele, bis sie beginnt zu
ahnen, dass durch die vielen und verschiedenen Worte und
Rituale die Energien der „eine große Liebe" strömen. Dass es
diese „eine große Liebe" ist, die sich in all den Farben und
Formen der Welt verwirklicht.

Unsere Seele begann zu erwachen, Licht und Schatten in
immer stärkerem Maße wahrzunehmen, und die Liebe hinter
dem verborgenen Gesetze Gottes zu erkennen. Ein Empfinden
erwachte in uns, dass alles einen Sinn hat und dass auch unser
eigenes kleines Leben ein integrierter Teil des grenzenlosen
Universums ist. Und tief in uns begann das zu wachsen, was
wir am ehesten mit dem Wort „Vertrauen" bezeichnen könnten.

Erkannten, dass Gott nicht jenseits eines unendlich weiten
universellen Raumes oder jenseits eines dunklen Himmels
lebt, der ihn vor unseren sterblichen Augen verbirgt. Nein,
Gott ist da, wo er handelt, und Gott handelt überall, wo es
Disharmonie und das Bedürfnis nach einem Gleichgewicht
gibt. So ist auch der Himmel überall, denn es ist der Geist,
der ihn erschafft, und unser Bewusstsein ist im Wesentlichen
eine Substanz des Geistes.

So warten wir auch heute auf Ihn, dass Er uns den Weg
erneut aufzeigt. Seine große Strahlung ist auch schon spürbar,

seine Synthese bringende Kraft unterstützt bereits unseren Mut und hilft, das unbekannte Neue willkommen zu heißen. Seine Nähe stärkt schon unsere Fähigkeit, alte Wahrheiten neu zu verstehen und macht uns empfänglich für die Botschaften unserer Zeit.

Denn, die Söhne des Himmels führen uns auf einen erleuchteten Weg, auf den Weg des Lichtstrahls, und der Weg des Lichts verbindet die materiellen und die spirituellen Welten.

Es ist ein heimwärts leuchtender Lichtstrahl, denn der Mensch ist eigentlich Geist und als Geist geht er immer und immer weiter, und sein Weg ist glorreich, denn es ist der Weg zu Gott.

## DIE NEUEN ENERGIEN DES WASSERMANN-ZEITALTERS

Die neuen Energien des Wassermanns werden die Synthese fördern und die menschliche Wahrnehmungsfähigkeit grundlegend verändern, was eine tiefere und reichere Erfahrung der Realität mit sich bringen wird. Telepathie und die Fähigkeit für das ätherische Schauen werden zu unserer normalen Ausrüstung gehören, und nicht, wie jetzt, nur relativ selten sein.

Die erwachende Fähigkeit für die ätherische Sicht wird für die Menschheit eine ganz neue Welt eröffnen, wenn die Schönheiten der feinstofflichen Ebenen sichtbarer werden und die strahlenden Farben der Energiezentren die Grundlage für neue Studien sein werden.

Mit diesen erwachenden Fähigkeiten wird eine der größten Veränderungen, in den Zeiten des Wassermanns, stattfinden und unsere Einstellung gegenüber dem Tod endgültig verändern. Denn, die Menschheit wird klar erkennen, dass der körperliche Tod nur der Übergang in einen neuen und freieren Zustand ist. Dass sich die Seele, während ihrer langen Reise durch die vielen Inkarnationen, immer wieder einen Träger nach dem anderen baut, durch den sie sich auf der physischen Ebene darstellt. Und wenn der Körper alt wird und seine Kräfte erschöpft sind, wird man den Tod mit Freude, als Schwelle zur Erneuerung und zu weiteren Erfahrungsmöglichkeiten, herbeisehnen.

Auch Ärzte und Heiler werden immer mehr zusammenarbeiten. Die Spezialisierung hat auf vielen Gebieten bereits große Fortschritte gemacht, doch die Spezialisierung auf einem Gebiet macht leicht blind für andere Bereiche. Schon heute beginnen verschiedene Fachleute, zum Wohle der Kranken, zusammenzuarbeiten. Spezialisierte Ärzte verbinden sich mehr und mehr mit Homöopathen, Akupunkteuren oder mit jenen Spezialisten, die den Energiefluss im Körper durch die Energiezentren, die Chakren, die sich in den feinstofflichen Ebenen befinden, beeinflussen. Auch die Astrologie wird mehr und mehr integriert, um eine mitgebrachte Eigenart klarer zu verstehen, und die stark prägenden Stressthemen eines Lebens, durch die Muster der Strahlenstruktur, zu erkennen.

Im letzten Wassermann-Zeitalter, ungefähr vor 26 000 Jahren, war der größte Teil der Menschheit noch in kleinen Gruppen über die ganze Erde verteilt. Bis auf einige spätatlantische Überreste – wie Poseidon und einige südamerikanische Kulturen – waren diese Gruppen hauptsächlich Jäger, häufig auch Nomaden, die den jahreszeitlichen Wanderungen des Wildes folgten. Einige waren auch Schafhirten oder Fischer.

Die Wassermann-Energien bewirkten damals die Vereinigung vieler dieser Gruppen zu größeren Einheiten, was das Jagen sicherer und erfolgreicher machte. In Europa, beispielsweise in Spanien und Frankreich, zeugen die Höhlenmalereien von einem hohen Stand, der sogar einen künstlerischen und magischen Ausdruck erreichte. Größere Einheiten verbrachten längere Aufenthalte an einem Ort und führten allmählich zur Agrargesellschaft und zur Gründung von Farmen, Dörfern und schließlich von kleinen Städten.

Jede Rasse hat die Aufgabe, ein spezielles Werkzeug des Bewusstseins zu erbauen. Die erste Rasse, die lemurische, hatte das Ziel, den physischen Körper zu vervollkommnen, und diesen frühen Menschen physisches Bewusstsein zu verleihen. Die nächste Rasse, die atlantische, hatte das Ziel, den astralen Körper, die empfindende Gefühlsfähigkeit, zu entwickeln, der auch heute noch unser mächtigster Bewusstseinsträger ist. Unsere gegenwärtige Rasse hat die mentale Fähigkeit zu vervollkommnen. Denn, zurzeit werden vor allem die konkreten Aspekte des Denkvermögens gebraucht, und deren Erfolge sind die gegenwärtige Wissenschaft und Technologie.

So werden die großen Bewusstseinsveränderungen der Zukunft mit hoher Wahrscheinlichkeit in der Politik und der Wirtschaft stattfinden. Durch einen politischen und wirtschaftlichen Umbruch können die vorhandenen Strukturen in eine neue Form gebracht werden.

Kreativität ist nichts anderes als die Manifestation der göttlichen Schöpferkraft, das wesentlichste Vorhaben der Seele. Die Frage ist nur: „Was kann der Einzelne tun und erreichen?", und die Antwort wäre: „Die Kraft des Denkens gebrauchen und Gedankenströme in die Welt hinausschicken. Gedankenformen, die Veränderungen im Bewusstsein der Menschen hervorrufen können."

Die geistige Hierarchie arbeitet auf diese Weise. Ihre unterstützenden Energien und anspornenden Kräfte werden von denen, die bereits eine entfaltete Intuition in sich tragen, wahrgenommen und durch Verpflichtung und Verantwortung in die Welt weitergeleitet.

Diese bewusstseinserweiternde Arbeit wird auch von Seelen, die nicht in physischer Verkörperung sind, unterstützt. So kann sich jeder Mensch, meditativ, auch mit seinen Seelen-Brüdern, seiner Seelen-Gruppe, verbinden und sich einfach begleiten und führen lassen.

Denn darauf, was die bewusst lebenden und denkenden Menschen ausstrahlen, reagieren all die unbewusst Lebenden. Ob im Bereich der Politik, der Wirtschaft oder durch die bewusstseinserweiternden spirituellen Impulse. Gedanken bewirken Erkenntnis.

Nur, wenn diese Erkenntnisse nicht in das Leben, in den Alltag integriert werden, bieten sie lediglich ein Mittel zur Flucht vor der Wirklichkeit.


## IN JEDEM ZEITALTER ERSCHEINEN GROßE GEISTIGE LEHRER

In jedem Zeitalter oder in Zeiten außergewöhnlicher Krisen erscheinen große geistige Lehrer, um der Menschheit bei ihrem nächsten Entwicklungsschritt behilflich zu sein. Das waren unter anderem auch historisch bekannte Menschen wie Herkules und Hermes, Rama, Mithra, Zarathustra, Konfuzius, Shankaracharya, Krishna, Buddha, Mohammed und Christus. Sie alle sind Meister und gingen aus demselben spirituellen Zentrum des Planeten hervor, das als die geistige Hierarchie bezeichnet wird. Jeder von ihnen vermittelte eine Lehre, deren zentrales und gemeinsames Thema die richtigen menschlichen Beziehungen sind.

Aus diesen einfachen Lehren haben die Menschen im Laufe der Geschichte komplizierte Dogmen und Rituale gemacht und im Namen ihrer jeweiligen Ideologie getötet oder ließen sich töten. Diese religiöse Intoleranz war und ist die Ursache für viele Konflikte und Leiden in der ganzen Welt. Wenn doch die Menschen aller Glaubensrichtungen begreifen würden, dass dasselbe geistige Vermächtnis sie miteinander verbindet, dass sie alle Kinder des einen Vaters sind, auch dann, wenn Ihm die jeweilige Tradition so unterschiedliche Namen gibt!

Die gemeinsame Quelle, die Weisheit aller Religionen, ist eine uralte geistige Lehre, die von Generation zu Generation weitergegeben wurde und als die „zeitlose Weisheit" bekannt ist. Sie ist eine esoterische Wissenschaft, die systematisch und umfassend den Entwicklungsprozess des Menschen und der Natur beschreibt und lehrt, wie die Energien aus den höchsten geistigen Quellen zu verstehen, anzuwenden und zu nutzen sind. Eine Lehre, die auch jede Zivilisation im Stillen beeinflusst hat und zu den großen Errungenschaften in den Wissenschaften, in Politik, Kunst und Religion führte.

Diese Lehre der zeitlosen Weisheit wurde uns in der Neuzeit, zum ersten Mal um 1875, von Helena Petrowa Blavatsky mit ihren Büchern „Die Geheimlehre" und „Isis entschleiert" zugänglich gemacht. Sie gründete die theosophische Gesellschaft, um ein neues Verständnis für die menschliche Evolution zu vermitteln. Die nächste Phase der Lehre wurde von Alice Bailey bekannt gemacht. Sie arbeitete von 1919 bis 1949 mit einem Meister der Weisheit zusammen.

Seit 1974 befasst sich nun der Engländer Benjamin Creme mit der Weitergabe von Informationen zur Lehre der zeitlosen Weisheit, aber vor allem der Wiederkehr Maitreyas, der Christus, der Weltlehrer für unsere kommende Epoche. Die zu vermittelnden Informationen erhält er durch telepathische Kontakte mit einem Meister der Weisheit. Benjamin Creme hat weltweit Vorträgen hielt, schreibt Bücher und informiert die Menschheit über die Wiederkehr Maitreyas.

So werden unsere Körper mehr und mehr ein Instrument für den Geist, der durch die Seele wirkt, um sich auf der physischen Ebene manifestieren zu können. Wir erschaffen nach und nach, durch den Prozess der Evolution, von Inkarnation zu Inkarnation, einen immer fähigeren Körper, in welchem sich der Geist in immer höherer Grade manifestieren kann. Ist das einmal erreicht, sind wir zu vollkommenen Menschen geworden und der göttliche Funke durch uns strahlen und durch uns wirken. Wir sind Meister geworden.

## Die Unendlichkeit des Kosmos ist die Heimat des Geistes

Die unsichtbaren Welten sind genauso dicht bewohnt wie unsere sichtbare Erde. Das Universum ist in all seinen Bereichen mit unendlich vielen niederen und höheren Intelligenzen erfüllt. Auch jeder Planet ist genauso siebenfältig wie wir und wie unsere Erde, und hat ebenso seine sichtbaren und unsichtbaren Ebenen. Hätten wir also einen für die feineren Wahrnehmungen geeigneteren Sinn, könnten wir in der Nacht einen wesentlich belebteren Sternenhimmel erblicken, und im kosmischen Raum die unzähligen ätherischen Welten sehen. Denn in den ätherischen Welten sind die Wurzeln des physischen Universums genauso, wie sich auch die Wurzeln unseres sichtbaren Körpers in unseren feinstofflichen Hüllen befinden.

In der großen Vielfalt des Lebens ist ein Leben in der Materie die niedrigste Daseinsform, das noch am wenigsten entwickelte Leben. Ein Bewusstsein, das noch von dichter Materie umhüllt ist, kann nur dann erweitert werden, wenn die dichten Hüllen, die einengenden „Formen", Schale um Schale zerbrochen werden, die Gedanken in immer weiter reichende Räume des Geistes emporsteigen. Das ist das Gesetz der Entfaltung, das mit vielen kleinen und großen Veränderungen im Leben wirkt, wenn die geerbten Denkformen, die uralten und einengenden Ansichten und Gewohnheiten „zurückzulassen" werden. Und hat das Leben seine Aufgaben schon erfüllt, stirbt der Körper, dass die Seele für ihre neuen Ziele wieder frei wird.

Immer an wichtigen Zeitenwenden, in einem neuen Zyklus, inkarnieren große Seelengruppen für einen ganz bestimmten Energietypus. Die letzten 2000 Jahre wurde das Leben auf unserem Planeten, der 6. Energiestrahl, der Idealismus und die Fähigkeit zur Hingabe, gefördert und regiert. Entsprechend sind in dieser Zeit auch viele Seelen dieses 6. Energiestrahles inkarnierten. Seelen, die die Fähigkeiten, für große Ideale hingaben, schon in sich trugen. So lernten wir, in diesen vielen vergangenen Jahrhunderten, mit großen Idealen umzugehen und uns für Gott und Vaterland bedenkenlos hinzugeben. Daraus sind auch die vielen Ideologien, die vielen „-ismen", wie Nationalismus, Faschismus und Kommunismus entstanden. Denn es ist gar nicht so einfach, die hohen Ideale im Leben zu verwirklichen, besonders, wenn die Liebe allein auf der Gefühlsebene verankert ist.

Nun sind wir in den Anfängen eines neuen Zyklus, wenn der 7. Energiestrahl – der für Organisation und verbindende Ordnung zuständig ist – in Erscheinung tritt. Dieser Energiestrahl brachte bereits eine große Anzahl von Seelen mit diesen Qualitäten zur Geburt. Und wenn sie schon herangewachsen sind, wird der Wunsch „zu separieren, auszuschließen und zu trennen" nicht mehr so stark vorhanden sein. Sie werden geeignet dafür werden, mit den neu hereinkommenden Energien umzugehen, und die Wandlung auf Erden zu ermöglichen.

Jeder Zyklus gehorcht einem universalen Gesetz. Und wenn die Menschheit dadurch vor Schwierigkeiten steht, können wir sicher sein, dass sich die Gruppen von Seelen inkarnieren und diesen Problemen gewachsen sein werden. Heute stehen wir, in dieser Übergangsphase zwischen zwei Zeitaltern, vor ungewöhnlich großen Aufgaben. Aber bereits in 50 Jahren werden, die dann kommenden Seelen schon eine ganz andere Welt auf unserer Erde vorfinden, eine deutlich stabilere, als sie es heute ist. Die Seelen sind ja bereit und tragen die Fähigkeiten schon in sich, der Menschheit den Sinn für die Gemeinsamkeiten, für das evolutionäre Ziel unserer Erde, zu vermitteln.

Denn, wie alles im Kosmos nimmt die Evolution nach genau festgelegten Gesetzen ihren Gang. In den großen Kreisläufen des Kosmos steigt der Geist immer wieder in die Materie hinab und die Materie steigt ewig zum Geist empor. Alle Wesen tragen Verantwortung für die unterhalb vor ihnen Stehenden. Doch sobald das Stadium des Selbstbewusstseins erreicht wird, trägt jeder die Verantwortung auch für die Höherstehenden, denn die Mitarbeiter brauchen die Unterstützung.

# VIII. AN DER SCHWELLE EINER NEUEN ZEIT

## DIE LICHTER DES HIMMELS WEISEN DEN WEG

Bei einer Zeitenwende dabei zu sein, ist ein Geschenk. Wir haben uns darauf schon durch viele Leben lang vorbereitet, um unseren kleinen, aber wichtigen Anteil dazu zu leisten. Denn, wie das Wasser, das große Schiffe trägt, aus vielen kleinen Wassertropfen besteht, und wie die Erde, die den Samen reifen lässt, sich aus vielen kleinen Erdkrumen zusammensetzt, so ist auch unser kleiner Beitrag wichtig, um das Neue, das Kommende zu ermöglichen.

Die Neuzeit will geboren werden. Die Vorbereitungen dazu waren schon unsere vielen vergangenen, „suchenden" Leben, die uns durch verschiedene Hautfarben, Kulturen und Religionen in dieses Heute führten. Wir übten schon in zahlreichen Inkarnationen und übten mit Ruhm und Erfolg umzugehen, genauso wie mit Not und Entbehrungen, sie zu erfahren und auszuhalten.

In solchen, auf Wachstum ausgerichteten Leben erleben wir oft Momente, in denen wir spüren, dass etwas zu Ende geht. Es ist dann, als hätten wir eine Etappe bereits absolviert, die uns nun erlaubt weiterzugehen. In solchen Zeiten brauchen wir aber sehr viel Mut, weil wir an einer neuen Schwelle des Lebens stehen und dabei gleichzeitig, mit noch nicht verarbeiteten, alten Themen in uns, konfrontiert sind.

Unsere Erde ist zurzeit von zwei großen und verschiedenartigen Energien gleichzeitig umhüllt. Alle zwei bis zweieinhalb Jahrtausende – wenn eine Energie des Lichtes von einer anderen abgelöst wird – ist das der Fall. So wird auf unserer Erde der Einfluss der abziehenden Energie immer schwächer, und die kommende nimmt in ihrer Wirkungsfähigkeit ständig zu. Diese, sich regelmäßig verändernde Energiehülle um unsere Erde, beeinflusst und verändert alle Formen des Lebens. Das erleben nicht nur wir durch unser eigenes Schicksal, auch auf der ganzen Welt erfolgen die verschiedenartigsten Geschehnisse.


In den vergangenen zwei Jahrtausenden wurde unsere Erde von den Energien Idealismus und Hingabe umhüllt. Wir lernten, uns für ein ideelles Ziel ganz hinzugeben. Durch viele Leben lernten wir, bereit zu sein, für eine Idee nicht nur zu leben, sondern auch zu kämpfen, wenn es verlangt wurde, sogar zu sterben. Wir lernten, Helden zu sein. Jetzt, an der Schwelle eines neuen Zeitalters, berühren uns ganz andere Werte und ganz neue Denkformen. Die erdumhüllenden Energien des Lichtes sind bereits die Qualitäten des kommenden, großen Wassermann-Zeitalters. Diese neuen Energien des Lichts sind mit dem Gesetz der Anziehung, mit dem ureigenen Impuls des Lebens, verbunden. Das ist Sehnsucht nach Vereinigung, nach Verbindung, nach Einssein auf allen Ebenen des Lebens. Doch diesen „hohen" Idealen steht die Menschheit noch mit Kampfgeist gegenüber.

Neue Energien, neue Epochen, ermöglichen den neuen Entwicklungsschritt. Die neuen Energien lehren uns, zu unseren bereits vorhandenen Fähigkeiten Neues dazuzureihen zu den vorhandenen Grundlagen, für zukünftige Erfahrungen. Die Zeiten der Veränderungen, mit ihrer Erneuerung und ihrem Fortschritt auf allen Ebenen des Lebens, sind „Geburtszeiten". Denn, die Evolution aufzuhalten war noch niemals möglich, und damit würden nur die Geburtswehen verlängert.

Die Energien des Lichtes, wenn auch zyklisch, durchströmen immer wieder alles Leben, und in diesen kosmischen Gesetzen wird unser Werdegang eingebettet sein. Sie sind nicht nur Impulse für unser Wachstum, sie beeinflussen alle Bereiche des Lebens. Sie erweitern die Gedanken, verändern unsere Wege zu Gott, der Natur, den Farben der Blumen, dem Lebensraum für Tiere und Pflanzen. Die verschiedenen Energien des Lichtes sind nicht nur Begleiter, sie sind auch Erzeuger und Gestalter auf allen Ebenen des Lebens. „Die Geheimlehre", so formuliert:

Siebenfach manifestiert sich Gottes Liebe,

siebenfach sind die Farben des Einen, wenn er sich verwirklicht,

siebenfach ist das Werk,

siebenfach die Energien und

siebenfach der Weg zurück zum Zentrum des Friedens.

An einer Zeitenwende dabei zu sein ist ein Geschenk.

Denn wir wissen, dass wir heute in einer Zeit der Erneuerung leben. Neue Ideen und neue Gedanken lassen wir schon mehr und mehr zu und beginnen, die zwischenmenschlichen Verbindungen auf eine neue Art zu verstehen, und viele alte Formen und Ansichten verlieren langsam ihre Kraft.

Die neue Zeit will geboren werden, und die Vorbereitungen dazu wurden wir uns schon in vielen vergangenen Leben, durch viele Hautfarben, Kulturen und Religionen, in das Heute führten. So übten wir schon, während zahlreicher Inkarnationen, nicht nur das Wissen auf eine neue Art zu formulieren, sondern auch mit Ruhm und Erfolg, mit Entbehrungen und Not umzugehen.

Der Umgang mit unserer erlebbaren Welt ist uns schon weitgehend vertraut nun beginnen wir, das „Unsichtbare", das „Unfassbare", und das „Unvorstellbare" als eine neue Dimension in unser Leben zu integrieren. Wir erforschen die Quellen des Lebens, versuchen wahrzunehmen, was aus unseren eigenen Tiefen aufsteigt, um auch das zu erkennen, was uns zwar unsichtbar, aber immer spürbarer berührt. Unser Zeitbegriff „dehnt" sich immer weiter aus und uns wird immer bewusster, dass das weit Zurückliegende auch unser jetziges Leben beeinflusst, wie auch unser unbekanntes „Morgen" uns bereits anzieht. All das spornt uns an, unser Leben auf eine immer neue, auf eine immer andere Art als bisher zu leben.

In welche Richtung sollte sich nun dieses „Neue" bewegen? Was bedeutet „Wachstum"? Wie oft stellen wir uns diese Fragen und warten auf die Antwort, um dann zu meinen:

Vielleicht, wenn wir, aus vergangenen Leben, den Wunsch nach Einsamkeit immer noch in uns tragen, dann könnte dieses Leben von uns verlangen, dass wir die Fähigkeit zu mehr Nähe, zu engeren Verbindungen, lieben zu lernen …

- Oder, wenn wir nur mit solchen Menschen und nur in solchen Gemeinschaften leben möchten, in welchen die gleichen Werten verbinden, dann könnte uns das Schicksal in den vielfältigen „Lärm" großer Gemeinschaften hineinführen, um zu üben, die Menschen auf eine neue Art zu verstehen, das Leben auf eine neue Art zu lieben …

- Wenn wir nicht allein sein können und immer Menschen um uns brauchen, denn unsere Persönlichkeit liebt den Konkurrenzkampf, wo sie die eigenen Qualitäten immer aufs Neue unter Beweis stellen kann. Darauf könnte das Leben, von Zeit zu Zeit, mit „Rückzug" antworten, dass wir auch die Kraft der Stille kennenzulernen …

- Sogar dann, wenn wir immer nur „aufopfernd" und für den anderen sind da, wird uns das Schicksal zur Änderung ermutigen, weil wir – wenn auch unbewusst – den Ich-Konfrontationen ausweichen.

Möchte unsere Seele, in diesem Leben, die Persönlichkeit zu einer neuen Individualität führen, wird ihr das Schicksal es auch ermöglichen. Denn das Leben unterstützt das Leben und die Entwicklung schenkt uns auch die Möglichkeiten des Rückzugs, um der „Quelle des eigenen Wesens" zu begegnen. Erkennen, dass wir die Verantwortung auch für uns selbst, und nicht nur für die anderen, in uns tragen.

Unser Lernen ist immer auf das ausgerichtet, was vor uns liegt. Die Energien einer neuen Epoche, eines neuen Zeitalters, befähigen die Menschheit, neue Entwicklungsschritte zu tun, uns lehren, unsere bereits vorhandenen Fähigkeiten zu erweitern.


## DIE ZEITEN DES WACHSTUMS


Wie oft glauben wir, dass wir schon bewusst und unvoreingenommen sind. Neuen Ideen, die noch so wahr und groß sein mögen, sind mit unseren von Kindheit geprägten Vorstellungen nicht übereinstimmend, können wir es nicht akzeptieren. Ist es mit der Wahrheit, die wir in uns tragen, nicht identisch, lehnen wir ohne nachzudenken, ab. Das ist der Grund, warum die Menschheit so lange braucht, sich von einem Stadium in das nächste zu entwickeln.


Heute stehen wir, wie alle paar tausend Jahre, wieder an der Schwelle eines neuen Zyklus, denn jede Energie mit ihrer Eigenart, erschafft eine ganz bestimmte Lebensform, mit all den zu ihr gehörenden Gesinnungen und Werten. So erleben wir heute, dass eine gewohnte Welt zusehends schwindet. Die Energien aus den Fischen-Zeiten langsam herausbewegen, wodurch die, in dieser Zeit entstandenen, Sichtweisen und Lebensformen – ohne deren Energien – zerfallen, ihre Zeit ist abgelaufen.


Die kleinen und großen Rhythmen des Lebens sind die wichtigsten kosmischen Gesetze der Entfaltung. Die verschiedenen Orte der Welt werden in rhythmischen Perioden –

ähnlich wie Ebbe und Flut – immer wieder durch neue Energien durchströmt, um Veränderung und dadurch Evolution zu bewirken. Die Evolution ist ein Prozess der Entfaltung, der die Entwicklung sowohl vom Geist als auch von der Materie gleichschreitend voranbringt. All das ist genauso natürlich wie die ineinandergreifenden Geschehnisse unseres alltäglichen Lebens. Das Gestern, das Heute und das Morgen verschmelzen ständig in einer fortwährenden Bewegung. Sogar unser Identitätsgefühl verändert sich ständig, indem unser werdendes Ich mehr und mehr bereit wird, einem in uns aufkommenden neuen Selbst mehr und mehr Raum zu geben.

Wer sich mit den feineren Kräften seiner inneren Natur verbindet, und dadurch mit der mächtigen Kraft des universellen Lebens, erlebt ein unaufhörliches Vorwärtsschreiten. Wie schnell oder wie weit ein Mensch sich in einer einzigen Lebensperiode weiterentwickeln kann, hängt einzig und allein von ihm selbst ab. Denn die Umstände, die für einen schwachen Charakter ein Hindernis darstellen, werden für einen anderen, mit einem starken Willen, sogar zur Sprosse auf einer Leiter.

Jeder Mensch wird mit dem Charakter geboren, den er sich durch viele Leben selbst erarbeitet hat. So entspricht unser Charakter unserem individuellen, spirituellen Entwicklungsstand. Wir leben heute zweifellos in einer sehr kritischen Zeit. Wenn wir jedoch der damit verbundenen Verantwortung offen entgegentreten, könnte sie für uns eine Zeit des Wachstums und damit ein wichtiger Schritt auf den Wegen der Entfaltung werden.

# UNSERE GEDANKEN SIND DAS, WAS SIE BEWIRKEN

Das Energiefeld, das uns umgibt, entsteht aus unseren Gedanken, welche nicht nur unsere zwischenmenschlichen Beziehungen, sondern auch unsere Gesundheit und sogar unser Schicksal beeinflussen. Die Gedanken, die wir beinahe ständig erzeugen, sammeln sich zu einem uns umgebenden Energiefeld und verbinden sich wie kleine Wolken zu einer Elementaressenz. Diese, aus unseren Gedanken entstandenen Formen aus ätherischer Essenz – erzeugt unsere natürlich schöpferische Fähigkeit – nennt man elementare oder lebendige Gedankenformen.

Gedankenschwingungen werden genauso erzeugt wie alle die Formen, die durch Schallschwingungen entstehen. Wir alle haben schon diese farbigen, durch Musik erzeugten und sich ständig bewegenden „Klangformen" auf den Bildschirmen gesehen, die sich dem Ton entsprechend formieren. Diese „Klangfiguren" sind die einwandfreien Gegenstücke unserer „Gedankenformen".

Je anhaltender und intensiver unsere Gedanken sind, umso klarer werden ihre ätherischen Formen, entgegen den unförmigen Brüdern, die aus noch eher unkontrollierten Gedanken entstehen. Diese ätherischen Gedankenformen können einen starken Einfluss auf die Astralkörper ausüben, besonders auf das Denken all jener, zu denen sie sich hingezogen fühlen, weil ihre Schwingungen gleich sind. Das Verbreiten der Gedanken und Vorstellungen von einem Menschen zum anderen ist nur möglich, wenn die Verbindung durch ihrer inneren Gleichschwingung vorhanden ist.

Die ausgesandten Gedankenformen finden keine ihm verwandten Energien, wenden sie sich, einem Naturgesetz folgend, kehren auf demselben Wege, wie sie gekommen sind, zu ihrem Schöpfer zurück. Es sind Fälle bekannt von Hassgedanken, die Personen treffen sollten, denen sie nichts anhaben konnten, die, zum Absender zurückkehrend, ihm selbst Schaden zufügten. Genauso, kehren die guten Gedanken, die ihre Wirkungen nicht ausüben können, zu dem zurück, der sie aussandte.

So vieles, was wir als blindes Schicksal oder als Zufälligkeit betrachten, kann verbunden sein mit den sichtbar werdenden Auswirkungen unserer eigenen Gedanken. Wie wichtig ist die Bewusstwerdung, denn wir können „Engel" oder „Teufel" in die Welt der Menschen hinaussenden! Deren Erschaffung wir die volle Verantwortung tragen.

Wie wichtig ist das Wissen um die Gesetze des Lebens, der bewusste Umgang mit all unseren Gedanken! Denn, mit gleichem Aufwand, könnten wir auch solche Gefühle und Gedanken in die Welt setzen, durch welche der Himmel für uns alle ein bisschen heller und näher wäre.

## IN DEN RHYTHMEN DER VERÄNDERUNGEN ATMET DER KOSMOS

Die Rhythmen der Veränderungen begleiten jeden bewussten Weg. In der Natur lebt dieses ewige Gesetz als Gezeiten der Jahreszeiten, und genauso atmet auch die Seele in den Rhythmen der Inkarnationen. Zwar – vom Standpunkt der

Seelenerfahrung aus – erscheint es, als würden wir in manchen Leben einfach nur stillstehen, ohne dass sich etwas Wichtiges ereignet, während andere Leben voller Erfahrungen und Wachstum sind. Ein Leben mit zeitweiligen Ruheperioden sind meistens Vorbereitungen für einen nächsten.

Wichtig ist zu wissen, dass auch die kleineren Zyklen, die uns innerhalb eines Lebens berühren, sich ständig verändern. Die zyklischen Impulse treten, im Leben eines Suchenden, mit viel größerer Heftigkeit, Geschwindigkeit und manchmal sogar mit Gewalt auf, als im Leben eines Menschen, der mit seiner Entwicklung noch nicht bewusst verbunden ist. Sie gelten als die Berg- und Talerfahrungen eines Suchenden, der einmal im Sonnenlicht und dann wieder im Dunkeln wandert. Manchmal erleben wir die Freuden einer Gemeinschaft und dann plötzlich sind wir wieder allein.

Eine Zeit lang ist unser Dienst eine fruchtbare, befriedigende Erfahrung und es scheint, dass wir wirklich helfen können, bis dann wieder eine Zeit mit einem Gefühl folgt, dass wir nichts zu bieten hätten. An manchen Tagen ist uns alles klar, wie wenn wir auf einem Berggipfel stehen würden und die geistige Verbindung klar wahrnehmbar wäre. Dann wieder scheint es, als ob Wolken herabsänken und alles wieder ungewiss wäre.

Es beschäftigt uns stark und wir fragen uns immer wieder aufs Neue, wie lange diese unausgeglichenen Erfahrungen, von den großen Gegensätzen, noch andauern sollen? Und es braucht Zeit, bis wir begreifen, dass es die Reaktion unseres eigenen dreifachen Körpers – unseres physischen, unseres Gefühls- und Mentalkörpers – ist, der von der Seelenenergie abwechselnd berührt wird und deshalb so unausgeglichen reagiert. Das heißt, wir sollten weder jubeln bei freudigen Erfahrungen, noch betrübt sein während der Zeiten der Talwanderungen. Wenn wir, mehr und mehr, lernen, im Seelenbewusstsein zu leben, werden wir erfahren, dass die Schwankungen des physischen Lebens uns immer weniger berühren. Die alten Schriften nennen diesen Lernweg, den „messerscharfen Pfad", der von der Ebene des physischen Lebens in das Seelenbewusstsein führt, aus der sich ständig wandelnden Sinneswelt, in die Welt der Wirklichkeit.

Ein wichtiges Lernziel ist auch, dass wir die Stille lieben lernen, dass wir „einem Ort der Stille" auch in uns selbst begegnen. Ruhe und Ausgeglichenheit müssen wir in uns erarbeiten, bevor unser inneres Gleichgewicht entstehen kann. Auch das Schweigen, das aus dieser inneren Ruhe kommt, sollte gepflegt werden. Die Beständigkeit unseres inneren Gleichgewichtes ist die Voraussetzung dafür, dass unsere Lehrer uns erreichen können.

Und, wenn unser Bewusstsein, in den helleren Seelenbereichen, ein neues „Zuhause" für sich errichtet hat, wenn wir zum ersten Mal, von diesem zentralen Punkt, als das ewige „Ich", auf unsere vergängliche „Persönlichkeit" schauen, wie sie handelt, wie ihre emotionalen Reaktionen sind, wie sie agiert, dann werden wir eher nicht erfreut sein.

So beginnt ein Üben, dass wir unsere eigenen Mängel nicht nur anschauen, sondern sie auch annehmen und akzeptieren mit all dem, was wir schon können, und auch mit dem, was wir noch nicht können. Die Fähigkeit, im Seelenbewusstsein ein wachstumsbedingter Prozess zu begonnen.

Ein wichtiger neuer Zyklus. Wir lernen, erst noch zaghaft, dann aber immer sicherer, Entscheidungen zu treffen. Nicht in der Wahl zwischen den geistigen und den weltlichen Wegen, sondern wir lernen richtig zu handeln, wenn wir vor eine Wahl gestellt werden. Denn, durch die Erfahrungen lernen wir immer bewusster zu erkennen, ob das, was wir gerade vorhaben, wichtig ist für unsere Persönlichkeit oder wichtig für unsere Seele. Wenn wir dann entschlossen die für uns als die beste erscheinende Richtung gewählt haben, lernen wir auch, unserer inneren Stimme zu folgen. Denn, nur durch Erfahrungen werden wir diese leise Stimme unserer Seele immer klarer erkennen und sicherer verstehen.

## EIN NÄCHSTER SCHRITT

Verschiedene Arten von Energien und Denkfähigkeiten sind unsere Ausrüstung, und auf unterschiedlichen Wegen suchen wir die Wirklichkeit, wenn auch all diese Wege gleichwertig sind.

Wir gehören zu unterschiedlichen Energien, zu verschiedenen Qualitäten und entsprechend begegnen wir dem Leben. Sind wir vor allem fühlende oder vor allem denkende Menschen? Sind wir eher ein empfangendes Naturell oder haben wir eher eine bewirkende Fähigkeit? Gehören wir zu den Gruppen, die vor allem religionsgläubig sind oder eher zu denen, die wissenschaftsgläubig sind? Dem einen gefällt die Denkweise der Wissenschaften nicht, er findet sie zu kalt, zu hart und ohne Gefühle. Die anderen wiederum wollen mit dem Mystischen nichts zu tun haben, denn für sie ist nur das fassbare Wissen wichtig. Sind wir religiös oder suchen wir Gott, – für den Beweis von Gott – auf mystische Wege gehen. Sind wir wissenschaftsgläubig und lieben die technischen oder die psychologischen Methoden. Doch irgendwann werden wir alle erkennen, dass die beiden Wege zusammengehören, denn der eine ohne den anderen ergibt kein vollständiges Bild vom Leben.

Jedes Zeitalter ermöglicht mit neuen Fähigkeiten, unser Bewusstsein zu vervollkommnen. Bei den ersten wirklichen Menschen, in den lemurischen Zeiten, war das Ziel, den physischen Körper zu vervollkommnen, die Fähigkeit, den Körper zu beherrschen. In den atlantischen Zeiten hatten wir das Ziel, unsere Gefühle zu entwickeln. Nun haben wir ein so machtvolles, astral polarisiertes Bewusstsein erreicht, dass die astralen Energien, sogar noch in unseren Zeiten, eine führende Energie übernehmen.

Das Ziel, die Aufgabe für unsere gegenwärtige Menschheit ist, unsere mentalen Energien zu erweitern. Zurzeit brauchen wir unsere Denkfähigkeiten vor allem in den konkreten Bereichen des Lebens. Das bezeugen unsere Errungenschaften, die gegenwärtige Wissenschaft und Technologie. Doch die Zukunft möchte, dass wir unser Bewusstsein verändern und erweitern.

Denn, wenn der denkende Mensch beginnt, seine Gedanken und seine Energien eigenverantwortlich zu gebrauchen, wird sich die natürliche Kreativität seiner Seele, auf den äußeren Ebenen des Lebens, widerspiegeln. Wenn Herz und

Kopf mit der Seele verbunden sind, wird die Fähigkeit der Kreativität erzeugt. Kopf, Herz und Kehlzentrum bringen die Energien der Seele hervor, eine immer stärker werdende Kreativität. Ob wir ein Bild malen, Kinder erziehen, Kranke heilen, neue Gedanken vermitteln, neue politische Ideen vertreten, bessere wirtschaftliche Strukturen entwickeln: Wir dienen der Welt mit Kreativität. Denn das, was von der Seele kommt, ist immer beides, sowohl Kreativität als auch Dienst. Ein grundlegender Lebensausdruck ist sowohl Willen als auch Liebe. Die Kreativität ist nichts anderes als die Manifestation der göttlichen Schöpferkraft, das wesentlichste Vorhaben der Seele.

Auch Ärzte und Heiler werden immer mehr zusammenarbeiten. Die Spezialisierung hat auf vielen Gebieten bereits große Fortschritte gemacht, nur die Spezialisierung auf einem Gebiet macht leicht blind für andere Bereiche. Heute beginnen schon verschiedene Fachleute, zum Wohle der Kranken, zusammenzuarbeiten. Spezialisierte Ärzte verbinden sich mehr und mehr mit Homöopathen, Akupunkteuren oder mit jenen Spezialisten, die den Energiefluss in den feinstofflichen Ebenen erkennen und die durch die Chakren wirken. Auch die Astrologie wird mehr und mehr integriert, um die mitgebrachte Eigenart klarer zu verstehen, die vorhandenen, prägenden Muster zu erkennen.

Unsere bewusstseinserweiternden Aufgaben werden durch eine unterstützende Seelengruppe begleitet. Jeder Mensch, als Seele, ist nie allein, sie gehört, entsprechend ihrer Aufgabenausrichtung, zu einer Seelengruppe und wir lernen und wirken zusammen. Was für ein wunderbarer Gedanke, dass wir Teil einer unsichtbaren Gruppe sind, dass wir als Seele mit Geschwistern eng verbunden sind und begleitet und geführt werden.

All die bewusst lebenden und bewusst denkenden Menschen haben eine starke Ausstrahlung, worauf die unbewusst Lebenden reagieren. So ist es nicht nur im Alltag, sondern auch im Bereich der Politik wie auch in der Wirtschaft. Die bewussten Gedanken bewirken Erkenntnisse.

Ist unsere Verbindung zu unserer Seele bewusst, haben wir Hoffnung, Bereitschaft und volles Vertrauen in das Leben. Leben wir die bewusste Verbindung mit unserer Seele, entsteht der nächste Schritt, die Integration dessen, was wir noch nicht sind.

# IX. DIE WEGE DER SEELE, DIE SCHRITTE DER ERFAHRUNGEN

## WIR SIND DIE SEELE

Wir sind die ewige Seele, Kinder des Lichtes, die immer wieder bereit sind, die Materie zu beleben und durch Erfahrungen zu gehen. Für jedes neue Leben verbinden wir uns als Erstes mit der Person, die wir uns als Mutter gewählt haben. Indem unser werdender Körper wächst, entstehen die unzähligen Energiefäden, die den wachsenden Körper mit den Energien unserer Seele verbinden. Eine immer umfangreichere Verbindung entsteht, bis das neue Menschenkind von unseren ätherischen Seelen-Energien ganz umhüllt wird. So wird die Energiehülle unserer Seele gleichzeitig eine schützende, behütende und kraftgebende Lebensenergie für den Körper.

Durch diese Energiefäden strömen die Kräfte, die ein Körper braucht, und sie fließen durch die Arterien und Venen, genau wie das Blut. Die ätherischen Lebenskräfte sind die Grundlage für jedes sichtbare Leben und umhüllen alle lebenden Formen, alle großen und kleinen – makrokosmischen und mikrokosmischen – Körper. Jeder einzelne Ätherkörper ist auch Teil eines großen, die ganze Erde umhüllenden, kosmischen Energienetzes. Somit ist unser eigenes Energiefeld gleichzeitig ein kleiner Transformator, der aus dem großen ätherischen Energiefeld, wie aus einem „Hochspannungsnetz", die kosmischen Energien in „brauchbare" Stärke wandelt.

In jedem ätherischen Energiekörper, in den Strahlenergien der Seele, ist das Grundmuster für das neue Leben vorhanden. Schon in der Bibel wurde der Energiekörper als ein mit „Feuer durchwobenes Geflecht", oder als eine „von goldenem Licht erfüllte Hülle", als eine „güldene Schale" erwähnt. Diese Energien des Lebens leuchten auch durch die Farben der Blumen und strömen als Energie von den großen Bäumen. Und, wenn die hohen Geister sich den Menschen zeigen, leuchtet ihr strahlendes „Energiefeld" entsprechend den Farben ihrer Strahlenverbindung.

Unser Energiefeld hat sieben Zentren, sieben Brennpunkte, deren Aufgabe sowohl die Energieaufnahme als auch die Energieverteilung in unserem Körpersystem ist. Für bestimmte Bereiche des Körpers sind die sieben Hauptdrüsen zuständig und für die allgemeine Verteilung das Netz der Nerven. Wie verständlich wird dadurch, dass ein kleines Problem unseren ganzen Körper reagieren lässt!

Immer wieder erleben wir Zeiten, in denen wir spüren, dass Seele und Persönlichkeit einander gegenüberstehen. Denn als Seele tragen wir in uns den Plan von einem werdenden Morgen, aber als Persönlichkeit sind wir noch mit unserem Gestern verbunden, und haben noch große Mühe, unsere Gewohnheiten loszulassen. Sind wir mit den Energien der Seele nicht verbunden, im Leben fehlt uns eine wichtige Kraft.

Einmal wird unser Dasein auf dieser Erde zu Ende gehen, und unsere Seele, mit ihrem Ätherkörper, wird sich zurückziehen, wodurch der zurückgelassene physische Körper zerfällt. Ohne die ätherischen Energien fließt keine Lebenskraft, kein belebendes Feuer mehr in den Körper und die sichtbare physische Materie wird der Erde „zurückerstattet". Diesen Prozess nennen wir den „Tod", wonach die Seele, mit dem ätherischen Gefühls- und Mentalkörper, in die „Vorstufe des Himmels" hinaufsteigt.

Wir verweilen gerne in diesem Zwischenbereich, der zwischen der Erde und dem Himmel. Er ist noch nahe der Erde, vieles ist noch ähnlich, und wir müssen uns um all das, was der Körper braucht, nicht mehr sorgen. So können wir hier vieles in uns verarbeiten und in den Hallen der großen ätherischen Universitäten mit den hohen Geistern unser Wissen erweitern. So bleiben wir oft noch lange hier, auch dann, wenn uns noch ein starkes Gefühl mit der Erde verbindet. Doch einmal geht es auch von da aus weiter. Einmal werden wir bereit sein, auch unseren Wunsch- und Gedankenkörper für eine Weile zurückzulassen, um als Seele, das Himmelstor durchschreitend, mit dem Geist eins zu werden. Unsere ätherischen Hüllen unseres Wunsch- und Gedankenkörpers werden sich in ein großes ätherisches Reservoir zurückziehen, bis wir sie, für eine nächste Inkarnation, wieder mitnehmen. Die Trennung vom Körper ist der „erste Tod", und dazu müssen wir nicht beitragen. Bei der Trennung, wenn sich die Seele von der Persönlichkeit trennt, müssen wir unsere ätherischen Ich-Bereiche, unseren Wunsch- und Denkkörper, bewusst loslassen. Die alten Schriften erwähnen das als den „zweiten Tod". Denn die Seele muss durch zwei Tode gehen, bis sich die himmlischen Tore für sie öffnen. Erst dann haben wir, als Seele, alles losgelassen und können in die himmlische Heimat des Geistes, in das absolute Sein, zurückkehren.

Die Kenntnisse, über die ätherischen Welten, könnten uns eine bewusstere Verbindung zu den Wirkungen der feinstofflichen Welten vermitteln, dass wir beginnen mehr Beachtung und Bedeutung den Energien und der Farben schenken. Denn, ein physischer Körper besitzt die Fähigkeit, auf Klang und Farbe zu reagieren. Auch bei wohltuenden Gesprächen hat der „Klang" der Worte einen wesentlichen Anteil an der Wirkung. Es ist auch nicht verwunderlich, dass in unserer Zeit, in der die Bewusstwerdung der Seele klarere Formen annimmt, auch die alten Heilmethoden, durch die Farben des Lichtes und die Schwingungen des Klanges, wieder zunehmen.

So erwacht in uns, mehr und mehr, ein Verstehen für die unsichtbar strömenden Energien und für den bewussteren Umgang mit den uns umgebenden unsichtbaren Welten.

## DIE STRAHLEN DES LICHTS

Wie viele Namen haben wir Gott schon gegeben? Durch all die verschiedenen Epochen, in den unterschiedlichsten Kulturen, mit jedem neuen Schritt, sahen wir die Wahrheit von einer anderen Seite, fanden einen neuen Namen und einen neuen Weg als zutreffend und richtig.

Wir nennen Gott Schöpfer, Erbauer der Welten, „Quelle allen Seins", weil wir spüren, dass „Er" ein großes Wesen sein muss, eine immense Kraft aus Liebe und Weisheit, die das Leben hervorruft und begleitet. Aber wie könnten wir all das in einem Namen, in einem Wort zusammenfassen? Wie schwierig ist es schon, zu erklären was Leben ist. Noch schwieriger ist es zu formulieren, was Liebe ist. Wie könnten wir dann begreifen, was Gott ist?

Schon die Liebe unserer Eltern, Partner, Kinder können wir nicht mit einem Wort ausdrücken. Wir erleben ihre Liebe durch ihre Taten, durch den Klang ihrer Stimme durch das, was sie „ausstrahlen". Die Bedeutung von Liebe ist nicht formulierbar. Liebe ist nur erlebbar. Wie könnten wir dann eine so große Liebes-Ausstrahlung wie derjenigen eines göttlichen Wesens mit einem einzigen Namen beschreiben oder verstehen? Wir können die göttliche Aus-Strahlung nur „er-leben" und ihr durch die Vielschichtigkeit des Lebens begegnen.

Gott können wir nur durch unsere innere Vision wahrnehmen, wenn das „innere Auge" für die geistige Schau schon erschlossen ist. Wenn wir anfangen, mit unseren Herzen zu lieben, und unsere Gedanken bereit sind, das Erschaute auch zu akzeptieren. Erst dann beginnen wir das Licht zu sehen und damit auch Gott.

Um die Energien der göttlichen Aus-Strahlung doch etwas besser zu verstehen, wurden uns vor langen Zeiten die Gedanken von den sieben göttlichen Strahlen gegeben. Die sieben Strahlen des Lichts, durch welche die sieben primären Eigenschaften der Lebensenergien fließen. Durch diese Energien entstehen auch die Sonnen und die Planeten, wie all die verschiedenen Naturreiche.

Die Strahlen sind nicht nur Kanäle, durch die „alles Sein flutet", sie sind auch Einflusskräfte, die den Wechsel der Zeiten ermöglichen. Sie sind zuständig für das Hervortreten der verschiedenen Kulturen, Tierarten und Pflanzentypen, wie auch für jene Zeiten, in denen eine Veränderung im Denken der Menschen eintritt. Diese siebenfachen Energien entsprechen ebenso den sieben verschiedenen Grundbereichen des Lebens. Sie sind konzentrierte Energien, die den göttlichen Entwicklungsplan hervorrufen und ermöglichen.

Diese Energien sind in ständiger Bewegung und Zirkulation, wodurch das fortschreitende und zyklische Geschehen, die wechselnde Intensität des Lebens, ermöglicht wird. Von der Wirksamkeit eines bestimmten Strahles in einer bestimmten Epoche hängt die Eigenart der Zivilisation ab, wie die Art jeder neuen Erscheinungsform. Der Bewusstseinsgrad der Seelen, die während eines Zeitraums auf die Erde kommen, hängt mit dem Entwicklungsthema einer Zeit zusammen. Die sich verkörpernden Seelen reagieren mit ihren, bereits erreichten, Fähigkeiten auf die besondere Eigenart und Zielrichtung eines vorherrschenden Strahles. Denn die unterschiedlichen Energien rufen die unterschiedlichen Seelen zur Inkarnation.

Auch all die Sonnen, als große Lichtwesen mit ihren strahlenden „Körpern" sind Empfänger für eine bestimmte Strahlenqualität, welche sie auch an ihre Planeten weiterleiten. Jeder sichtbare Körper, ob groß oder klein, ist eine Verkörperung eines Lichtwesens, im Bestreben, das Licht immer klarer durch den eigenen „Körper" strahlen zu lassen, ob es ein solarer, planetarer oder ein menschlicher Körper ist.

Alle Seelen wirken und „wandern" als kleinere und größere Gruppen immer zusammen. Die Zusammengehörigkeit und das Zusammenwirken eines Systems sind identisch, im Kleinen wie im Großen. Auch die Sonnensysteme, die Sonnen mit ihren begleitenden Planeten, werden durch eine starke Wechselbeziehung zusammengehalten. Im okkulten Sinne formuliert, „sie wandeln zusammen auf dem Pfad". Denn, „das Tor, zum Reich Gottes, öffnet sich nur, wenn eine Seele nicht mit leeren Händen eintreten will, sondern sie hält die Hand des Bruders in ihren Händen."

Jede Lebensform, sei es eine Sonne, ein Planet, ein Mensch oder eine kleine Blume, wird von verschiedenen Energieströmen erfüllt und stellt eine ganz bestimmte Energiequalität dar. Jedes Leben ist bemüht, das strahlende „Licht" immer bewusster zu empfangen, um es immer vollkommener weiterzugeben zu können.

## UNSERE STRAHLENDE SEELE

Unsere Seele strahlt und leuchtet in hellen Farben, weit über unseren Körper hinaus. Sie ist eine Verbindung von geistiger und materieller Energie, einst aus einer göttlichen Lichtquelle geboren. Ihre Eigenart erhält sie von einer der sieben göttlichen Strahlenqualitäten mit dem Ziel, durch die Erfahrungen in der Materie das eigene Licht, die eigenen Fähigkeiten zu erweitern.

Unsere Seele ist ein Funke aus dem schöpferischen Feuer Gottes, ein Lichtstrahl aus seinem strahlenden Licht, ein Gedanke aus seiner unendlichen Weisheit. Als Kinder des Vaters möchten wir seinen Willen, seine Liebe, seinen Plan auf Erden verwirklichen. Aber, wie können wir unser Vorhaben, unsere Gefühle, unsere Gedanken in einer materiellen Welt verwirklichen?

Als Seele brauchen wir einen Partner aus dem Stoff der Erde, damit wir durch ihn die Welt berühren können. So wird aus den Begegnungen von Seele und Körper, von Himmel und Erde, der Unendlichkeit mit der Begrenztheit, ein Lernweg! Wie viele Leben brauchen wir, bis unsere innerste Partnerschaft funktioniert, bis wir, Seele und Persönlichkeit, beginnen, zusammen den Plan Gottes, das Licht auf Erden leuchten zu lassen?

Unsere Seele, als Lichtträger und Lichtvermittler, führt die Persönlichkeit, unsichtbar an den Händen haltend, während unserer langen Erdenwanderungen auf den unterschiedlichsten Wegen. Dieses „Kind Gottes", unsere Seele, ist unsere wesenstiefste Eigenart, unser empfindsamster Energiebereich und unser Verbindungsglied zwischen Geist und Materie, die uns lehrt, die Botschaften des Geistes wahrzunehmen und zu erkennen.

Die Seele ist unabhängig von einem festen Körper und lebt in ihrer ätherischen Hülle, in unserem sogenannten „ätherischen-Doppel", das unsere feinstoffliche Hülle um uns ist. Von dort wirkt die Seele und beeinflusst sie unseren Körper durch unsere sieben feinstofflichen Zentren (Chakren). Die Gedanken lassen uns erkennen und die Durchlässigkeit unserer Körperzentren ist die Art, wie wir unsere Seelenverbundenheit erleben. Unsere Seele hat, gleich unserem physischen dreifachen Naturell auch drei Wesensarten,

- Sie hat eine strahlende Vitalkraft, gleich den Energien im Mineralreich,

- Empfindungsfähigkeit, wie sie auch das Pflanzenreich aufweist,

- und Qualität für eine höhere Form des Denkens, das die höhere Liebe ermöglicht.

Die menschliche Seele ist eine göttliche Wesenheit und durch ihre vorhandene Dreiheit kann sie, sowohl mit den unteren Naturreichen auch mit den oberen Reichen des Geistes in Verbindung treten.


Alle unsere Wege sind Erfahrungswege. Und, wenn eine Erfahrung einmal zu Ende geht und wir durch das Schicksal „die Zeiten der Not" erfahren, erleben wir auch eine darauffolgende Umbruchphase und die Möglichkeit, alte Seelenfreunde zu treffen, die uns helfen, die Notwendigkeiten des Loslassens zu erlernen. Nach jedem absolvierten Schritt berühren wir eine noch tiefere Wesensschicht unserer Seele, deren Folge ein nächster Wachstumsschritt ist. Die Entwicklungswege führen uns durch viele Tal-und-Berg-Erfahrungen, auf licht- und schattenvollen Wegen, zu den Zielen der Seele.


Die Energien der Seele sind mit einer der sieben göttlichen Energien verbunden, die ihr auch ihre besonderen Fähigkeiten, Eigenarten, Qualität und Farbe vermitteln. Die Fähigkeit, Freude und Licht in die materielle Welt zu bringen, trägt jede Seele schon in sich, wie auch ihre schöpferische Kraft, die Wege der Evolution zu verwirklichen. So wieder und wieder entsteht ein neuer kleiner Stern, der leuchtend über der Erde strahlt.

## UNTERWEGS ZU IMMER HELLEREM LICHT.

Das Leben in all seinen Formen ist „strahlende" Energie. Auch unser Universum ist ein großes kosmisches Energiefeld, eine sichtbar gewordene Energiekonzentration. Jedes System, jeder Planet und Körper, ob groß oder klein, ist sowohl Empfänger als auch Sender von strömenden Energien. Nichts ist außerhalb des großen magnetischen Stromes. Energie, mit anderen Worten, ist Leben, ob diese Energie als Äther strömt oder durch eine Form strahlt, es ist immer in ständiger Bewegung und ständigem Austausch.

So ist jedes Wesen, ob es eine strahlende Sonne, ein Planet, ein Mensch, ein Tier oder eine Pflanze ist, alle strahlen und empfangen Energien auf ihre eigene Art. Jede Lebensform strahlt durch ihre bereits erreichte Qualität und ist „unterwegs", um in ihre nächste Fähigkeit hineinzuwachsen.

Die Dreiheit unseres Ichs, das physische, das emotionale und das mentale Ich, lernt durch die Jahrtausende, durch unzählige Inkarnationen, die Koordination, die Einswerdung des Ichs, dessen Resultat dann die Stärkung der Persönlichkeit ist. Über den Kampf – zwischen Seele und Persönlichkeit – lernten wir schon viel, aber immer in einer religiösen Formulierung, wodurch alles mit „gut" oder „schlecht" bewertet wurde. Dies verstärkte noch mehr unsere Polarität und führte uns in immer größere Spaltung und Krisen.

Durch die Wandlung der Zeit verändern sich die Wahrheiten. In jeder neuen Epoche wird die Wahrheit, durch die neuen Erkenntnisse, aufs Neue revidiert werden, entsprechend, wie die Menschen einer Zeit ihre Wahrheiten verstehen. Und wenn die Zeiten vergehen, und das „Licht" in uns zu wachsen beginnt, müssen wir so manche „Wahrheiten" zurücklassen. Denn Schritt für Schritt, Stufe um Stufe, von Wahrheit zu Wahrheit entfaltet sich unser erwachendes Licht.

Die Zeiten der Wandlung bringen gleichzeitig auch die Zeiten der Unordnung, Zweifel und Empörung. Die Zeiten der Wandlung sind die Zeiten des Chaos, wobei als Erstes jene Wahrheiten zerbrechen, die ihre Gültigkeit schon längst verloren haben. Wenn unsere veränderten Sichtweisen, die größeren Zusammenhänge besser erkennen und verstehen.

Die Menschheit verschloss sich immer gegen die Veränderung ihrer Gewohnheiten und reagierte, mit großer Angst, auf alles, was ihr fremd war. Später, als unsere Gefühle schon erwachten, haben wir all jene und alles, was wir liebten, emporgehoben und angebetet. Doch mit der gleichen Kraft konnten wir auch hassen, verachten und kämpfen. Diese großen, polarisierenden Emotionen bewirkten in der Welt eine Zeit der Wellen von Kriegen und Frieden. Aber die Zeit geht weiter und unsere Jetztzeit lehrt uns, auf eine neue Art zu denken. Als Erstes zeigt uns die jetzt Zeit, dass die Welt eine Einheit ist und wir allen Bruder und Schwester sind. Die neuen Gedanken werden uns ermöglichen, dass wir die vielen Dimensionen des Lebens erkennen und unsere grenzenlosen Unendlichkeiten erahnen.

Jede Wandlung beginnt mit einem Sturm und es scheint, als ob sich der Horizont verdunkelt, als herrsche ein weltweiter Aufruhr. Doch wir sollten nicht vergessen, dass die Natur „ein elektrischer Sturm" sein kann, der unsere Atmosphäre reinigt, um für uns eine neue Zeit einzuleiten. Wenn wir Wolken, grollenden Donner, heftige Stürme, Wind und Regen erfahren, wird es nur die Hoffnung derer vernichten, die sich Sonnenschein wünschen. Diejenigen aber, die ihre innere Ruhe und Sicherheit behalten, ihre Persönlichkeit und ihren eigenen Erfolg nicht mehr in den Vordergrund stellen, erkennen, dass jedes Chaos und jede Zerstörung gleichzeitig eine Umstellung und einen Neuaufbau ermöglichen.

Licht und Dunkelheit begleiten unsere Wege, um uns durch die Erfahrungen, durch die Dunkelheit, auf eine neue Lichtebene zu führen. Unsere Wege – auf einer neuen Bewusstseinsebene – werden durch Prüfungen und Erprobungen begleitet, um unsere Unbeständigkeiten, Empfindlichkeiten und Temperamente zu festigen.

Wenn wir dann beginnen zu verstehen, was das Neue uns geben möchte, beginnt unsere neue Zeit. Wir erlangen eine neue Identität, wenn unsere beiden „Lichter" - das Licht der Seele und das Licht der Materie – bereit sind, in Verbindung zu wirken. Unser Wachstum führt uns zu ausgewogenem Gleichgewicht, Zeiten von Ruhe und Aktivität, im Umgang von Geben und Nehmen, wie auch zu einer neuen Art, wie wir uns mit der Welt verbinden. *Wir lernen, durch die „Dunkelheit" zu gehen, um auf einem neuen Weg einem helleren Licht zu begegnen.*

# DER WANDEL, DER SICH JETZT SO RASCH VOLLZIEHT

Das Schicksal der Welt muss von irgendeiner Kraft gesteuert sein. Nur wenige können noch glauben, diese epochalen Umgestaltungen, dieser plötzliche, unwiderstehliche Wunsch nach Freiheit und Mitbestimmung – wie wir es weltweit erleben – auf bloßem Zufall beruht und keine tieferen Ursachen hat. Allein schon das Tempo dieses gewaltigen Wandels legt einen anderen Schluss nahe und deutet darauf hin, dass Millionen Menschen allmählich erkennen, dass ihr Schicksalstag angebrochen ist, und dass von nun an die Macht beim Volk liegt und zu seinem Wohl ausgeübt werden muss. Man kann heute allgemein eine neue Art von Energien feststellen, Energien, in denen der Ursprung der Geschehnisse zu suchen ist. Denn jeder Veränderung geht immer und überall ein energetischer Stimulus voraus.

Doch woher stammen diese Energien, wer lenkt sie? Wer die Weisheitslehren studiert, weiß, dass hinter allen äußeren Ereignissen die geistige Hierarchie der Meister, unter der Leitung des Christus steht. Diese Meister sind es, die in ihrer Weisheit die Geschicke der Welt lenken und die Energien und Kräfte einsetzen, die allein der Wandel bewirken kann. Ihre Aufgabe ist auch, die derzeit sich zuspitzenden Weltgeschehen zu begleiten und zu ermöglichen, dass aus diesem Chaos Harmonie und Gleichgewicht erwachsen kann.

Es wurde schon viel über die Meister und Ihre Arbeit geschrieben, es gibt heute schon viele Menschen, die von der Existenz der Meister wissen, ihre Göttlichkeit anerkennen und ihre Führung und ihren Beistand erwarten. Sie hoffen auf Ihre Inspiration und schätzen ihren Rat.

So rückt die Zeit immer näher, wo die Meister persönlich in Erscheinung treten werden und sich als normale, wenn auch göttliche und vollendete Menschen offenbaren werden. Die Welt wartet ja schon auf das Erscheinen des Christus, und Seine Mission hat schon begonnen. Die Zeichen sind für alle sichtbar, und die immer schneller fortschreitenden Veränderungen bezeugen seine Gegenwart auch für jene, die erst einen Donnerschlag hören, bevor sie merken, dass ein Sturm aufkommt.

Immer, wenn die Menschen, so wie heute, an einer Weggabelung stehen, wird ihnen die ganze Aufmerksamkeit und Unterstützung ihrer „älteren Brüder", der geistigen Hierarchie zuteil, die von alters her über ihr Wohlergehen und ihren Fortschritt wachen. Das Gleiche gilt auch heute, wenn wir die Wandlung der Strukturen, für das neue Zeitalter, erhoffen. Um die Menschen bei ihren Überlegungen zu unterstützen und zu beraten, beziehen die Meister ihre Posten in den großen Städten der Welt, wenn auch nur wenige Menschen sie bisher dort erkannten. Doch noch nie weilten die Meister so zahlreich unter den Menschen wie heute und das allein ist schon bemerkenswert und setzt große Umwälzungen voraus. Umwälzungen, wie sie bereits stattfinden, und die, die noch vor uns liegen.

So erleben wir den Anbruch des neuen Zeitalters. Und, wie immer an solchen Zeitenwenden empfindet der Mensch eine tiefe Ehrfurcht vor dem Leben, spürt, dass es eine geistige Grundlage hat, und erhebt seine Augen und sein Herz zu jenen Sphären, von denen alle Offenbarungen kommen, nach denen er sich so sehr sehnt. Eine von Achtsamkeit und Mitgefühl geprägte Lebenseinstellung ist in der heutigen Zeit wichtiger denn je. Wir leben in spannungsvollen Situationen, die von einer eigenartigen Ambivalenz geprägt sind. Auf der einen Seite Desorientierung, Gewaltzunahme, religiöser Fanatismus und Beziehungslosigkeit und auf der anderen Seite Sehnsucht nach Solidarität, Liebe und beginnende spirituelle Erfahrungen.

Das Leben kreiert für uns immer wieder Situationen, an denen wir wachsen können. Jede Krise kann Entwicklungsschübe auslösen, die dann erkennen lassen, was zu tun ist. Wenn dadurch auch viel Vertrautes aufgebrochen und Prioritäten neu geordnet werden müssen. Jede Situation kann zu einem helfenden Freund, jedes Hindernis zu einem ermutigenden Lehrer werden, wenn wir nur bereit sind, an unserem Ego zu arbeiten.

Sind wir bereit, an unserem Ego zu arbeiten, beginnt in uns nicht nur ein Prozess des Loslassens, sondern auch der des Entdeckens. Unsere versteinerten Fassaden beginnen zu bröckeln und wir erleben ein lebendigeres und wahrhaftigeres Leben. Aus den transformierten Ego-Anteilen entstehen neue Ich-Qualitäten und das Ich wird ein fähiges Sinnesorgan des Selbst. Wir werden flexibler reagieren, sind schwierigen Situationen gegenüber offener und werden die eigenen Konzepte erfolgreicher relativieren. Die Arbeit am Ego bewirkt die Öffnung zum wirklichen Sein. Wenn diese Wandlung gar nicht so einfach ist, kann schon allein durch die Bemühung eine Änderung entstehen.

Unser eigennütziges Wollen wird einer eher dienenden und demütigeren Haltung weichen und die Zielvorstellungen verwandeln sich. Das Handeln wird nicht mehr von bestimmten Erwartungen und Anerkennungswünschen bestimmt, sondern von der Freude, einer inneren Stimme gefolgt zu sein. Wenn wir dann auf diese Weise beginnen, dem Göttlichen – durch unser Leben – zu dienen, werden wir der Welt aufmerksamer, mitfühlender und liebevoller begegnen. Wir werden bereit sein zu helfen, auch ohne dafür eine Gegenleistung zu erwarten.

Dadurch wird eine segensreiche Wirkung des Mitgefühls auch auf uns selbst zurückstrahlen, denn wir würdigen im Nächsten das, was wir eigentlich auch selber sind. Das Wissen um den gemeinsamen Ursprung lässt wie selbstverständlich das Leid, aber auch die Freude des anderen als das eigene Leid und die eigene Freude erfahren. Und das ist die spirituelle Qualität der Liebe, dass man sich selbst nicht als Einzelwesen sieht, sondern als jemand, der sich mit jedem Menschen, jedem Lebewesen, ja mit dem ganzen Kosmos verbunden fühlt.

## DIE BEWUSSTWERDUNG

Ein bewusstes Sein ist der Schlüssel zum Leben, denn nur wenn wir bewusst sind, ist wirkliches Leben in uns. Aber, wie können wir uns, mit den in uns wirkenden Kräften, bewusst in Verbindung setzen? Dem Kampf, zwischen dem Persönlichen und dem Göttlichen in uns begegnen? Und in den hin-

und herkippenden Wogen, von Wünschen und Schmerzen, uns selbst erfahren?

Gerne glauben wir, dass wir unser Selbst schon durch und durch kennen, doch, wir wissen von ihm noch immer recht wenig. Das kommt daher, dass unsere Persönlichkeit dual und damit zwiefältig ist. Unsere Wünsche und Leidenschaften sind schon vor langer Zeit, bereits während unserer Reise durch die niederen Reiche der Natur, entstanden. Und nun kommen wir Leben um Leben auf die Erde, unsere Wünsche bringen uns immer und immer aufs Neue hierher. Aber, unserer anderen Ich-Seite entfaltet sich auch eine immer größere Denkfähigkeit, die Fähigkeit zur Willenskraft und Vernunft, so entsteht in uns ein immer fähigeres Denkvermögen. Doch unser inneres Gegenüberstehen wird nur noch verstärkt, so können wir unsere althergebrachten Wünsche noch wirksamer erfüllen oder aber diese noch erfolgreicher bekämpfen, und die in uns erwachten Erkenntnisse stärken.


In unserem gegenwärtigen Evolutionsstadium leben wir zwischen dem Nachgeben und dem Beherrschen unseres Selbst. Wir suchen den Weg zwischen dem Tierischen und dem Göttlichen in uns, und der gegenwärtige Zustand der Welt veranschaulicht nur allzu deutlich diese Situation. Denn einerseits sprechen die Völker über die Ideale des Friedens, entstehen internationale Bruderschaften und Zusammenarbeit, doch andererseits spielen Habgier, Unwissenheit und die laute Stimme selbstsüchtiger nationaler Interessen noch immer eine enorm wichtige Rolle.


Sind unsere Bewusstseinsbereiche schon entfaltet, können auch die inneren Impulse, denen wir bis jetzt noch so stark unterworfen sind, uns nicht mehr beherrschen. Sind wir bereits Meister unseres Selbst geworden, entsteht in uns jene Selbstdisziplin, die auch unseren Charakter verändert. Haben wir schon erkannt, dass im Leben die Rückschläge mit uns selbst zu tun haben, werden auch die Zeiten des Selbstmitleids enden und Mut, Willenskraft und Ausdauer an seine Stelle treten.

Selbstbewusstsein bedeutet Selbsterkenntnis, sich seiner selbst, als ein individuelles Wesen, immer bewusster zu werden, dass sich durch Charakter und Eigenart von allen anderen Wesen unterscheidet. Als ein bewusstes Sein, werden wir unsere wirkliche Beziehung zum Leben und unsere Verbindungen zu den anderen immer klarer erkennen. Durch das Begegnen mit unserem Selbst wird uns auch jene Möglichkeit bewusst, dass wir uns ändern, entwickeln und dadurch unsere ganz eigenen Ziele verwirklichen können. Mit einem errungenen Selbstbewusstsein taucht zum ersten Male auch die Fähigkeit für den wirklich freien Willen auf. Ein Erkennen, dass wir unseren Willen immer bewusster, entweder für unsere egoistischen Zwecke einsetzen oder dem Ruf der inneren Stimme unterordnen können. Das sind dann jene Entscheidungen, in welchen der Kampf der menschlichen Evolution stattfindet. Eine Entfaltung von innen her, durch die Entscheidungen, die wir Tag für Tag und immer aufs Neue fällen müssen.

So pendeln wir – durch die unterschiedlichen Erfahrungen – lange Zeiten hin und her, bis wir stark genug sind, unsere Entschlüsse bewusst zu fassen. So ist die Bewusstwerdung eine „Sich–selbst-Begegnung", ein Erkennen der Seelenverbundenheit, eine Bereitschaft für ein Leben in der Ganzheit.

# X. DIE SIEBEN STRAHLEN, DIE ERBAUER DES LEBENS

## DER WILLE I. STRAHL, EINE KREATIVE KRAFT

Der göttliche Wille, der alles Leben hervorruft, ist in allen Formen der wirkende Geist, der pulsierende Rhythmus, das ständig wachsende Leben. Und, wenn die schöpferische Kraft, wie ein fürsorglicher Vater, uns doch durch Schicksale führt, die unsere Vorstellungen, Gewohnheiten und Wünsche vernichten, wird unsere Einstellung das Entscheidende sein, ob wir diese Berührung als „Gefahr", als „Bedrohung" oder als „Einengung" unseres eigenen Machtbereiches betrachten.

Wir alle – sowohl als Einzelne als auch als gesamte Menschheit – erleben manchmal Zeiten, in denen, wie bei einem starken Sturm, Altes, Enges, Verhärtetes und Abgesondertes verändert wird, wenn unsere Schritte, für die Wege der Seele, schon hinderlich geworden sind. Wenn wir noch immer in alten „Formen" leben, die ihre Zeiten schon längst überdauert haben.

Im „Willen Gottes" die Fürsorge zu erkennen, fällt uns heute noch schwer. Das ist auch einer der Gründe, warum eine rein materialistische Zivilisation entstanden ist, die die Werte in der sichtbaren, vom eigenen Willen übersichtlichen Welt sucht. Das Ziel menschlicher Bemühungen betrifft heute fast ausschließlich das physische Wohlergehen, die Bequemlichkeit und die Freude des materiellen Besitzes.

Zwei Willen leben heute in uns. Auf der einen Seite – durch unsere Seele – ist die, den Fortschritt und das Wachstum unterstützende, kosmische Willenskraft, und auf der anderen Seite unsere selbstbehauptende, mit Festhalten beschäftigte, eigene Willensenergie. Mit ihr lernen und üben wir unser eigenes „Feuer des Willens" durch all die Konfrontationen durchzusetzen, unser „Schwert", das heißt, unseren Mut, unsere Kraft und Entscheidungsfähigkeit durch das Feuer der Erprobung zu stählen.

Ein starker Willensimpuls ist ein starker Vitalstrom, eine Fähigkeit und Bereitschaft zum Kämpfen, um unseren wichtigsten Ich-Bereich zu unterstützen. Denn, der Wille, der den höchsten göttlichen Aspekt darstellt, repräsentiert, auch in uns, den höchsten und stärksten Lebensausdruck. Er zeigt, wo wir im Leben die Werte setzen, was in unserem Leben das Wertvollste ist. So wird es verständlich, dass in den Zeiten der Änderungen vor allem jene Mauern als erste einbrechen, die wir, mit unseren stärksten Energien, noch immer aufrechterhalten möchten.

Oder sind unsere Energien des Willens, in diesem Leben, noch gar nicht erwacht? Ist dieser so wichtige Lebensimpuls in uns noch durch eine „alte Angst", und damit durch eine unbewusste „Weigerung" für dieses Leben, blockiert? Eine mit Angst verbundene, unbewusste Erinnerung kann durch viele Leben lang verhindern, dass wir unseren eigenen Willen einsetzen, dass wir für unser Leben die Eigenverantwortung übernehmen.

Dagegen ist der Ehrgeiz eine der „dichtesten" Formen des Willens. Er ist ein Lebensimpuls – um Nahrung, Wohnung und all das „Notwendige" für sich und für die Seinigen zu erringen – der beim Urzeitmenschen schon derselbe war wie heute beim modernen Geschäftsmann, der den Gipfel finanziellen Gewinnes anstrebt. Nur, unsere Entschlossenheit und Konzentration, mit einem enormen Kraftaufwand, dienen heute vor allem für die Befriedigung unseres materiellen Verlangens.

Erst nach langen Zeiten der Willenseinsätze wird in uns ein Gefühl des Überdrusses entstehen, woraus der Wunsch erwachen kann, die Energien des Willens auf „eine höhere Oktave" zu heben. Ein Bestreben, dass wir unsere Energien „schöpferisch" und auch zum Wohle anderer einsetzen. Das wird der Beginn jenes Weges sein, auf dem wir ein bewusstes, geistiges Wachstum nicht nur für uns, sondern auch zum Fördern anderer, einsetzen möchten.

Die Schritte des geistigen Wachstums führten in den vergangenen Jahrtausenden auf die Wege des „Glaubens". Daraus entwickelte sich ein Verlangen nach den göttlichen Qualitäten und wir lernten, mit unserem ganzen Willen, einem Glauben zu dienen, uns einem Glauben ganz hinzugeben. Als nächsten Schritt ermöglicht uns unsere Jetztzeit die Freiheit, dass wir die Wege unseres Wachsens selber wählen dürfen. So lernen wir, ein immer bewussteres und innovatives Leben zu führen, wodurch die Impulse des göttlichen Willens unsere konzentrierten Denkbereiche befruchten. So möchten wir nicht mehr in einer erwartenden Glaubenshaltung verharren und nur kritisierender Zuschauer unserer Welt sein. Unsere erwachende Intuition lässt in uns ein immer weiteres Wissen entstehen und dadurch die Bereitschaft, ein aktiver Erbauer der kommenden Zeit zu sein.

Der Wille, die kreative und gestaltende Kraft, ist Mut und Bereitschaft, und auch die Fähigkeit, Grenzen zu überschreiten. Unser Wille lehrt uns, die Angst vor einer Veränderung zu überwinden und zu erkennen, dass bei all unseren Schritten es immer die Seele ist, die lernt, ihre Wege zu gehen. In jedem Leben und in all den Stadien eines Lebens, ist es immer die Seele, die Erfahrungen machen und dabei wachsen möchte. Und, wenn wir unsere Illusionen, dass das Ziel des Lebens die „Materie" ist, schon loslassen konnten, wir uns „das ewig werdende Leben" nicht nur bewusst, wir werden auch fähig sein, das ständig wachsende Leben mitzugestalten.

Der Wille ist göttliche Schöpferkraft, ist Leben im Keim, ist Gehen und Wachsen, wohin er uns führt, wie wir unseren Willen einsetzen – ausschließend oder einschließend, Mauern oder Straßen bauend – wird allein in unseren Herzen entschieden.

# DIE LIEBE II. STRAHL, DIE QUALITÄT DES LEBENS

Durch die zwei größten Lichtstrahlen, des göttlichen Willens und der göttlichen Liebe, strömen die beiden Haupteigenschaften Gottes. Der Wille, der die Formen der sichtbaren Welt erschafft und die Liebe, die die Formen der sichtbaren Welt mit Essenz erfüllt.

Die Liebe ist der Impuls zum Verlangen, die Kraft der Anziehung, die Fähigkeit, das an sich zu ziehen, was man liebt. Im Verlangen ist eine magnetische Kraft verborgen, ein Grundimpuls, der die Wünsche erfüllen lässt, um durch Erfahrungen einen weiteren Wachstumsschritt zu ermöglichen.

In allen Formen, in jedem Körper, in allem, was lebt, ist ein Bewusstsein verborgen, ein empfindsamer Mechanismus, der jedes lebende Geschöpf – von den Kristallen bis zu den Sonnensystemen – auf seine Umgebung reagieren lässt. Und diese Reaktion ist nichts anderes, als eine, im Wachstum befindliche, verlangende Liebe. Jeder Körper ist ein „Kontaktmittel", durch welches die Möglichkeit der „Erfüllung" erfahren werden kann, um auf immer neuer Ebene die Liebe und das Bewusstsein zu erleben. Diese magnetische Kraft des Verlangens nach Licht ruft im Pflanzenreich Wachstum hervor und ermöglicht neue Verbindungen. Im Tierreich ruft das Verlangen neue Lebensformen hervor, wodurch die ständige Weiterentfaltung entsteht. Ein Prozess, aus dem immer neue „Formen/Körper" resultieren, die, durch die wachsende Empfindungsfähigkeit, immer stärkere Reaktionen ermöglichen. So bringt das Gesetz der Anziehung, durch die ständige Wandlung, immer neue Qualitäten hervor.

Auf diese Art lenken die Bewusstseinsvorgänge, in allen Naturreichen und in allen Formen, die Aktivitäten des Lebens. Durch die Sehnsucht, ein inneres Verlangen zu befriedigen, entstehen Wachstum und Entwicklung. Es zeigt auch so klar, dass die Hauptimpulse des Lebens die Reaktionen auf die Empfindungsebene sind. Der Wunsch, die Sehnsucht, der primäre Drang nach Wachstum, setzen die Ebene des Willens in Aktion und lassen die Formen und deren Veränderungen entstehen. Das ist der Weg der Veredelung in allen Reichen des Lebens. Der Wille als Lebensimpuls und die Liebe als Empfindungsfähigkeit. Die beiden sind sich gegenseitig ergänzende Aktivitäten, wodurch neue Formen, neue Möglichkeiten, neue Erfahrungen und neue Qualitäten entstehen.

Darum sind sowohl der Wille als auch die Liebe nur ein Teil einer Ganzheit, und keiner ist für sich allein schöpferisch wirksam. Nur die Zusammengehörigkeit der beiden ermöglicht den Prozess der Erfahrung, dessen Resultat die Veränderung ist. Wille und Liebe sind die Grundtakte des Lebens.

Und in uns? Was zieht uns an, wo liegen in uns die Werte, die wir erlangen möchten? Sind sie auf der Ebene der Taten oder im Bereich der Emotionen? Sind es Wünsche, um etwas oder jemanden zu besitzen, oder haben wir das Bedürfnis, Liebgewonnenes festzuhalten? Leiden wir noch durch eine verlangende Liebe oder üben wir schon die verstehende Liebe? Wenn unsere Liebe noch stark mit den Bedürfnissen des Habens verbunden ist, und wir noch starke Sehnsüchte und Verlangen in uns tragen, können die Unerfüllbarkeit unserer Wünsche uns leicht in eine passive, von den Lebensimpulsen nicht durchflutete, Ecke des Lebens drängen, was Leiden hervorruft. Vieles können wir über uns erfahren, wenn wir bereit sind, unsere „Zielpunkte", das was uns anzieht, genauer anzuschauen. Wir könnten uns selbst erkennen an dem, was wir erreichen möchten, in dem Lebensbereich, der unsere größte Aufmerksamkeit anzieht.

Die zunehmenden Energien der Liebe, in unserer ganzen Erdatmosphäre, lassen auch in der ganzen Menschheit die Verstärkung des Verlangens entstehen, und verändern die Reaktionen auf dem Gebiet der Sexualität. Denn, Liebe wie Sexualität bedeutet, in Beziehung zu treten und eine Beziehung ist nichts anderes als eine Wechselwirkung. So ist jede Verbindung eine Beziehung. Ob sie zwischen Gott und seinem Universum, zwischen Gott und den Menschen, zwischen einem Menschen und seiner Seele oder zwischen zwei Menschen stattfindet.


Heute haben wir die Möglichkeit, eine neue Interpretation der Liebe, eine neue Form von Beziehungen zu erproben. Mit anderen Worten: Wir beginnen, eine „echte Wechselwirkung" in unseren Verbindungen entstehen zu lassen. Eine wirkliche Beziehung, eine Beziehung auf mehreren Ebenen und nicht nur körperliche oder zweckorientierte Verbindungen. Denn nur die Vereinigung, die auf allen drei Ebenen – der physischen, emotionalen und mentalen – möglich wird, ist die vollkommene Verbindung, die wahre Ehe, die wirkliche Verschmelzung zweier Seelen.


Die ersten Schritte in diese Richtung sind natürlich Aktivitäten, die jene Formen sprengen, die diese Veränderungen nicht zulassen können. Das Resultat wird eine vorübergehende, „gesellschaftliche Unordnung", ein Chaos, was immer eine notwendige Voraussetzung ist, wenn wir in unseren Beziehungen neue Formen von Verbindungen verwirklichen möchten.

Denn, erst durch eine entstandene Unordnung kann Veraltetes aufgelöst werden, erst, wenn eine Leere entstanden ist. Nur ein Leerraum kann Platz für etwas Neues schaffen. Die Leere ist wie zwei offene Arme, die bereit sind, das Kommende zu umarmen. Eine entstandene Leere ist jene Stille, die ein Tor werden kann, für ein noch unbekanntes Reich, eine Welt, die hinter dem Sichtbaren und dem Bekannten tief in uns verborgen liegt.

Auf diese Weise beginnt jeder neue Weg mit dem „Schritt nach innen", der uns durch das Tor der Stille in einen Bereich führt, wo wir zuhören können. Wo wir von Empfindungen und Gedanken berührt werden, die wie leuchtendes Licht unsere „Straßen" erhellen und uns durch das größte Chaos des Lebens sicher führen können.

*Erst die Einswerdung mit unserer Ganzheit – mit unserem eigenen Willen und unserer Liebe – wird in uns eine neue, wie eine größere Fähigkeit, sowohl für das Leben als auch für die Liebe hervorbringen!*

# DIE KRAFT DER GEDANKEN III. STRAHL, EIN ERHELLENDES LICHT

Unser Bemühen, die Strahlen des Lichtes zu verstehen, ist ein Bemühen, Gott auf eine immer neue Art zu verstehen. Wir betrachten Ihn zwar nicht mehr zu einer Rasse, zu einer Nation oder nur zu einer Religion gehörend und spüren, dass Gott in allem ist, was lebt. Gott vereint in sich alles Leben alle Energien und alles, was ist. Wenn wir Ihn mit unseren Augen auch nicht sehen, begegnen wir den Wahrzeichen der Göttlichkeit überall. Ist unser inneres Auge entwickelt, sind wir fähig, die feinstofflichen Welten wahrzunehmen, und wir sehen Licht und somit auch Gott.

In den drei göttlichen Hauptstrahlen wirken die Schöpferkräfte Gottes. Die göttliche „Dreifaltigkeit" wirkt durch die drei Ströme: Leben – Qualität – Erscheinung. Diese Energien sind gleich Wille – Bewusstsein – Absicht oder auch Kraft – Liebe – Intelligenz. In uns selbst wirkt diese göttliche Dreiheit als Geist – Seele – Körper. Drei große Energien, drei große schöpferische Kräfte, die das Leben begleiten und stets aufs Neue erschaffen.

Jeder Mensch ist eine Wiederholung des Schöpfungsplanes. Jedes Lebewesen wiederholt in seinem Erdenleben den ganzen Prozess des Werdens, und das lässt, wenn auch in den untersten Klängen, die Melodie der göttlichen Dreiheit widerhallen. So ist jedes Leben gleichzeitig Wille – Liebe – Intelligenz, eine Einheit von Geist – Seele – Körper, mit anderen Worten: Leben – Qualität – Erscheinung. Damit ist jeder Körper in der Natur, wie auch jeder Mensch, mit einer der strömenden Energien eng verknüpft, wodurch seine Erscheinung, seine Art, seine Besonderheiten, der Eigenart des ihm zugehörenden Strahles entspricht.

Der III. göttliche Grundimpuls – der Intelligenz – aktiviert das Wachstum in allen Reichen des Lebens. Auch jeder suchende Mensch, der sein Wissen erweitert, aktiviert mit seiner Bereitschaft das werdende Leben, denn der Prozess des Werdens verändert das Wissen. Doch das Suchen nach dem Wissen, das Suchen nach mehr Erkenntnis, hat kein bestimmtes Ziel. Der Sehnende betätigt sich durch Experimente, durch Erfahrungen, durch Auseinandersetzungen, mit immer neuen Fragen. Und das ist der Weg, auf welchem all die alten und neuen Riten, die vielen bedeutungsvollen Symbole und kraftstrahlenden Worte entstanden sind. Das ist dieses ständige Sehnen nach mehr Erkenntnis, das Zeiten entstehen lässt, mit immer neuen Errungenschaften, mit immer neuen Formulierungen, mit immer höherem Wissen und Verständnis.

Die Energien des III. Strahles erschaffen die sichtbaren Welten und bringen immer neue Zivilisationen hervor. Es sind die drei göttlichen Strahlen-Energien des Willens, der Liebe und der Intelligenz, die das sichtbare Leben ermöglichen. Durch sie sind die Formen entstanden, wurden mit Eigenschaften beschenkt und durch das Sehnen, das Wachstum ermöglicht. Die Energien der Intelligenz sind jene strömenden Energien, die durch die Kraft der Gedanken entweder selbstsüchtige oder aufbauende Energien zur Wirkung bringen. So ist eine immer klarere Denkfähigkeit die Voraussetzung für ein wachsendes Verständnis, das uns den Quellen der spirituellen Kräfte und Erkenntnisse immer näherbringen kann.

Wachstum verlangt die Formveränderung. Nur eine aufgebrochene Hülle kann den Weg, von all den festgefahrenen Gedanken, Ansichten und Gewohnheiten, für die Erweiterung freimachen. Dieses Prinzip lebt uns das Naturreich vor. Es entfaltet sich durch seine ständige Veränderung, um für uns die verschiedensten Ebenen des Lebens, die Qualitäten der Farbe, der Düfte und der ernährenden Speisen, immer und immer wieder von Neuem hervorzubringen. Die Qualitäten des Mineralreichs sind jene großen Energien, die in viele Bereiche des Lebens strömen, und laden mit ihren Energien alles auf, was sie mit ihren strahlenden Kräften berühren.

Das Studium der Strahlen lehrt uns die Ganzheit, die Verbundenheit und Zusammengehörigkeit allen Lebens. Es vermittelt uns das Wissen, dass zwischen allem Leben und allen Menschen unsichtbare Ströme für einen ständigen Energieaustausch sorgen. Gibt uns das Wissen, die Hinweise und ein größeres Verstehen über das Zusammenwirken allen Lebens.

Wie viele Erfahrungen brauchen wir, bis wir bereit sind, hinter dem Sichtbaren ein wirkendes Licht anzunehmen? Bis wir mit den Impulsen unserer innersten Qualitäten bewusst verbunden sind. Der Geist sucht ständig die Verbindung mit unseren Gedanken, um *durch unsere Dreiheit das Licht auf unsere Wege und damit in die Welt zu strahlen!*

## DAS GLEICHGEWICHT IV. STRAHL, DAS LICHT DER HARMONIE UND SCHÖNHEIT

Ein Licht, das die Wurzeln dessen berührt, was verändert werden soll, damit ein neues Gleichgewicht entstehen kann.

Ein „Erwecker" für ein neues Konzept, für ein neues Gleichgewicht, für eine neue Schönheit, indem es die nicht mehr brauchbaren Formen verändert. Selbst die Natur ist bemüht, das Gleichgewicht immer wieder herzustellen, und überzieht die Erde, immer aufs Neue, mit einem strahlenden Grün, mit der Farbe des Lebens, die auch die Farbe der Harmonie ist. Die Kraft des Lebens ist stets bestrebt, Gleichgewicht und Schönheit hervorzubringen. Es ist eine schöpferische Kraft, wenn auch ihre Erfolge, meistens nur unter Druck, durch Kampf und Spannung, erreicht werden. Diese Energie ist der Garant, dass das Neue immer wieder entsteht, wenn es auch vorübergehend Aufruhr und Spaltung hervorruft.

Auf der Gefühls- wie auch auf der Denkebene wird das Gegenüberstehen ermöglicht. Sie lässt Konflikte und Notwendigkeiten entstehen, damit eine neue und bewusstere Entscheidung getroffen werden kann. Die IV.-Strahl-Energie ist nicht nur eine Energie für Schönheit und für harmonische Ordnung mit vollendeten Formen. Sie ist auch der Verursacher der ständigen „Kampfbereitschaft", damit jede bestehende „Ordnung" immer weiter und in einen höheren, lichtvolleren und harmonischeren Zustand wachsen kann.

So begleitet diese Energie die Wege der Entfaltung, die Wege der Menschheit und ruft die großen Wellenbewegungen der Menschheitsgeschichte hervor. Zeigt, wie viele Konflikte wir erleben, für wie viele Wandlungen wir bereit sein müssen, bevor wir für eine neue, für eine schönere und höhere Ordnung bereit sein können. Wie viele Schritte brauchen wir, bis wir erkennen, dass nur die stetige Formveränderung die Wege der Entfaltung ermöglicht, die uns dann zu Wachstum und zu größerem Frieden und Schönheit führen?

Als Seele sind wir mit der Strahlen-Qualität unserer Seelengruppe verbunden. Mit Energien, die die Eigenart unserer Seele prägen und unsere Entwicklungsrichtung bestimmen. Durch diese Qualität lernen wir leben und „strahlender" werden. Auch die Hilfe des Himmels begleitet unsere Seele auf ihren „Straßen", auf den Wegen der Entwicklung.

Seelengeschwister, mit ähnlichen Lernthemen, kreuzen unsere Wege. Mitglieder aus unserer Seelenfamilie, die uns durch ihre Liebe begleiten.

Und als Persönlichkeit lernen wir, in jedem neuen Leben, uns mit einer anderen Strahl-Energie zu verbinden, um das Leben immer auf eine neue Art zu erfahren, unsere Fähigkeiten immer mehr zu erweitern. Nur durch die vielseitigen Erfahrungen, nur, wenn wir das Leben von seinen verschiedensten Seiten erleben, können wir wachsen. Und doch, wenn wir wieder einmal in einem neuen Erden-Leben erwachen, und unsere inneren Bilder aus früheren Leben in uns aufsteigen, stehen wir alledem, was um uns ist, gegenüber, und all dieses „Neue" macht uns große Mühe. Unsere Einstellungen, unsere inneren Sehnsüchte, können uns manchmal bis ins Erwachsenenalter begleiten, und stehen dem Leben und unserem Schicksal gegenüber, bis wir die Zusammengehörigkeit von Gestern und Heute erkannt haben.

Unsere Zweiheit, Seele und Persönlichkeit, sind zwei Naturelle in uns, die oft große Kämpfe miteinander ausfechten. Der Eingeweihte, Apostel Paulus, wies schon vor fast 2000 Jahren darauf hin, wenn er vom ewigen Widerstreit im Menschen, zwischen „seinen tierisch-fleischlichen und ewighimmlischen Naturellen", die sich im Leben gegenüberstehen, sprach. Auch die Einflüsse der Strahlen sind nicht immer nur stärkend. Sie verstärken zwar die bereits errungenen Fähigkeiten, doch verstärken sie auch die Schwächen und verweisen damit auf die Themen des Lernens. Für die Persönlichkeit, als das einzige Instrument der Seele, ist es aber wichtig, dass sie in ihren verschiedenen Inkarnationen von einer Strahl-Energie zur anderen wechselt und alle Eigenschaften entfaltet, um sie, wenn sie gebraucht werden, alle gleichwertig zum Ausdruck bringen zu können. Die Seele kann nur durch ihre Persönlichkeit mit dem Leben den Kontakt aufnehmen, darum ist die Vielseitigkeit einer Persönlichkeit so wichtig, damit die Seele mit allen Ebenen des Lebens in Verbindung treten kann.

Die sieben Strahlen sind die Symbole der großen göttlichen Kraftströme, die Urenergien aus dem Schoße der Zeit, als sie noch im Wirbel zwischen Geist und Materie, in einem gegenseitigen Kraftaustausch, das Sonnensystem zu bilden begannen. Ein Prozess, der schließlich in ein sichtbares Sein führte. Und wenn diese Idee auch uralt ist, ist sie wahr, denn diese Gedanken finden wir schon in den Schriften von Plato, dass: ... „Seit sieben Äonen bringen die ´sieben göttlichen Kraftströme`, die ´Wesen der sieben Geister vor dem Throne Gottes`, die Welt hervor" ...

Und unsere Seele sucht, immer aufs Neue, das stärkende Gleichgewicht unserer Zweiheit, die ergänzende und lichtvolle Verbindung, zwischen unserem vergänglichen und unserem ewigen Ich.

# WISSEN IST DAS LICHT DES ERKENNENS V. STRAHL.

Die Flamme in unseren Herzen ist ein Funke aus dem göttlichen Feuer, unsere Gedanken sind Blitze aus der Schöpferkraft Gottes, so ist es an uns, ob wir mit unseren Fähigkeiten Grenzen oder Straßen bauen. Warum sperren wir unsere Gedanken in einen kleinen Raum und staunen dann, dass wir Schmerzen haben? Warum wagen wir nicht unsere „Flügel" zu öffnen, um zuzulassen, dass die „Luft" uns trägt und die „Thermik" uns in immer höhere Sphären hebt. Die Fähigkeit zu denken ist unser göttliches Erbe, wir könnten lichtvolle Welten bauen, wenn wir uns nur mit unserem Herzen verbinden würden. Unsere Gedanken wären fähig, dem grenzenlosen Universum zu begegnen und die strömende Unendlichkeit zu erfahren, denn all das ist auch in unseren eigenen Tiefen vorhanden.

Schon in den alten Archiven gibt es diesen Vermerk: „... Sieben große Lichtstrahlen, sieben große Geister des Himmels verwirklichen, aus dem unendlichen Licht Gottes, die sieben Ebenen des Lebens..."

Wir Menschen leben zwischen den Ebenen unter uns und über uns und haben die Aufgabe, eine Brücke zwischen den sichtbaren und den unsichtbaren, zwischen den feststofflichen und den feinstofflichen Welten, zu erbauen. Wir tragen Gaben in uns, wie die Strahlungsfähigkeit aus dem Reich der Mineralien, die Empfindungsfähigkeit des Pflanzenreichs und die Reaktionsfähigkeit des Tierreichs, doch auch alle ihre noch nicht verarbeiteten Regungen sind in uns. Genauso empfangen wir den Sog von den über uns strahlenden Welten und spüren und ahnen, dass unser nächster Entwicklungsschritt uns mit der Ebene gleich über uns, mit dem Reich der Seelen, immer enger in einen bewussteren Austausch einbinden wird.

Der fünfte Strahl ist der Strahl der klaren Erkenntnisse, der Strahl des Wissens, mit dessen Hilfe wir immer noch mehr und noch „Höheres" verstehen könnten, dass auch immer neue Konflikte hervorruft. Wie wichtig sind diese Erfahrungen, diese Schritte, diese Entscheidungen, die unsere Fähigkeiten schulen! So unterstützen und fördern die eng zusammenwirkenden Energien die Menschheit auf ihren Wegen der Entfaltung. Ermöglichen ein immer neues Aufblühen, wenn die Zeiten der Konflikte und Spaltung wieder zu neuen Erkenntnissen führen.

Das wirkliche, das ewige, das konkrete Wissen können wir nicht erkennen, solange wir an einem „Pfosten des begrifflichen Denkens" festhalten. Die Gedanken brauchen Freiheit, und sind wir bereit, uns über die „scheinbaren" Grenzen zu „erheben", werden wir einer neuen Wahrheit, aus einer „höheren" Sicht, begegnen. Die Seele ist Gottes Sohn, aus einer Verbindung von Geist und Materie, die sich durch Gedanken zum Ausdruck bringt, um durch die entfaltete Denkfähigkeit zum Schöpfer vieler neuen Ideen und Formen wird.

Das Wichtigste für einen wahren Wissenssucher ist seine ausgeglichene Persönlichkeit, die eng mit seiner Seele zusammenarbeitet. Steht die Persönlichkeit noch im Vordergrund, werden die trennenden und vergleichenden Methoden in der Arbeit angewandt. Eine wahre Wissenschaft ist niemals separatistisch und ohne Konkurrenzwunsch. Ihr Bemühen betrifft allein das Erkennen, die Begegnung, die unendliche Vielfalt der göttlichen Ganzheit.

Die Kraft des Denkens trägt die Fähigkeit in sich, undenkbar erscheinende Bereiche zu berühren, um sie zu erforschen. Ein „emporgehobenes", konzentriertes Denken, das die stützenden Grenzen eines vorhandenen Wissens hinter sich lassen kann, entfaltet in sich die Fähigkeit der Intuition. Die Intuition, die ein empfangsbereites Denken ist, die uns mit neuen Ideen befruchten kann. Die Energien des V. Strahls helfen uns, entsprechend der Zeit und unserem Bewusstsein, Gott und seine sichtbare Schöpfung immer auf eine neue Art zu verstehen.

Diese Energie, die das Denken der Menschen stimuliert, ist seit über 100 Jahren viel stärker, als sie je zuvor auf diesem Planeten war, und ermöglichte im letzten Jahrhundert die schnelle Entwicklung der Technik und der Wissenschaft. Sie beeinflusst ebenso die Entfaltung der Geisteswissenschaften, sie repräsentiert ja die göttliche „Idee", das Wissen aus einer höheren Sicht. Doch, wenn sich die „Ideale" der Menschen mit diesen verstärkenden Energien in Verbindung setzen, werden aus ihren Idealen Ideologien, die vielen Formen der „-Ismen", Faschismus, Kommunismus, Sozialismus und Nationalismus, entstehen.

Die höheren Energien, wie alles, was uns berührt, werden von unserem Bewusstsein empfangen, gewertet und interpretiert, entsprechend unserer bereits vorhandenen Entfaltung. Darum lautet die Frage: Welches Ziel hat unsere bereits entfaltete Denkfähigkeit? Jede neue Zielrichtung hängt allein davon ab, ob wir die Erfahrungen der Vergangenheit bereits verstanden haben oder noch nicht. Denn das, was vorhanden ist, interpretiert das, was neu dazu kommt. Das Leben ist ein wachsendes Bewusst-Sein, eine sich entfaltende Qualität, die immer ein neues „Verstehen" für ihre Erfahrungen braucht.

Das Licht des V. Strahls unterstützt die wachsende Fähigkeit des Denkens, die Erweiterung des menschlichen Bewusstseins, um die verborgenen Wunder des Universums zur Entfaltung zu bringen.

## DIE ERFAHRUNGEN MIT DEN GEFÜHLEN VI. STRAHL

Die Energien der Hingabe, das Gefühl des „Sehnens", lebten wir viele Leben lang und folgten den vermittelten und vorgelebten Idealen, den Beispielen der Ahnen. Doch das, wonach wir uns sehnten, konnten wir mit dem Heute nicht verbinden. So suchten wir des Öfteren, aus einer „rauen" Wirklichkeit heraus, den scheinbar idealen Zustand.

Die Energien des Idealismus begünstigen das Entstehen von Abhängigkeiten genauso wie das Hinterlassen von bisher wichtigen Werten, um ganz neuen Ideen zu begegnen, und diesen mit unserer Hingabe zu folgen. Doch die Gefühlsebene ist ein „wässriges Gebiet", und nicht nur wechselhaft und stürmisch, sondern auch die Quelle und der Ursprung von

Dunst und Nebel, die die Wirklichkeit nur verschwommen erscheinen lassen.

Ist eine Persönlichkeit in den Energien der VI. Strahls, des Wunschprinzips, verankert, fließen die Energien durch ihren Solarplexus und ihr ganzes Wesen ist mit den Empfindungen verbunden, oft auch beherrscht. So wird für sie etwas sehr schnell „vollkommen" oder „unerträglich", jemand für sie schnell „Freund" oder „Feind", denn man wünscht das Absolute. Die Ebene des Bewusstseins entscheidet, ob uns dieser emotionelle Sog Richtung „Martyrium" oder zum fanatischen „Krieger" zieht. Gesucht wird das „Höchste" und Angst hat man nur vor den „Tiefen". Ein VI.-Strahl-Mensch lebt, mit all seinen Emotionen, in den großen Gegensätzen und hat Mühe mit dem Durchschnitt, mit dem „Weg der Mitte".

Besonders in den Zeiten, wenn unsere ganze Erde vom Licht des VI. Strahls umhüllt wird, erlebt die Menschheit die Zeiten der großen Gefühle, der großen Ideale. Wir erbauen große Kathedralen, führen heilige Kriege und opfern uns für ein geliebtes Vaterland. Der VI. Strahl verstärkt die Wunschnatur und ermöglicht die Erfahrungen mit den Gefühlen. Diese Gefühle durchströmen unser Ich-Zentrum, werden unsere „Ich-Bedürfnisse", und lassen Ziele und Tätigkeiten entstehen, die wir dann als unsere wahre Hingabe sehen. Und doch, auch diese, noch so unterschiedlichen Formen der Hingabe, wie die Bereitschaft, alles für ein großes Ideal zu opfern, sind wichtige Übungen und Lernschritte auf dem Weg der Entwicklung.

Ein bereits Suchender spürt noch in seinem Inneren die Notwendigkeit, lieb gewonnene Ideen zu behalten. Erst durch die bewussteren Seelenkontakte wird eine vorwärtsstrebende

Natur emotional ruhiger und, durch die Kraft ihrer Gedanken, auch beherrschter. Erst wenn dieser Bewusstseinszustand einmal erreicht ist, wird der Umgang mit dem „Wasser" bewusster und der Wunsch-Körper klarer. Und wenn die Gefühle, durch intensives Selbstbemühen bereits gereinigt sind, wird die Persönlichkeit nicht mehr so oft in den Tiefen des Wassers versinken und wird immer mehr „auf der Oberfläche des Meeres wandeln".

Die Wirkungen des VI. Strahls verstärken jede ideologische Situation, bewirken auch Fanatismus und Massenidealismus, Stürme und Leid, bis die Erkenntnisse folgen. Die Wege der Wandlung sind lang, bis Schein und Wirklichkeit, Schönheit und Wahrheit, Ziel und Weg, auch tief in uns drinnen, eins werden.

Das Fische-Zeitalter – der Repräsentant des VI. Strahls des Lichts – das wir in den vergangenen 2000 Jahren erlebten, geht langsam zu Ende. Diese Energien, die mit dem Symbol des Wassers (Gefühle) so eng verbunden sind, ließen die Menschen die Vorstellung erleben, dass sie, wie die Fische, nur in einem Meer von Gefühlen sich wohl und zu Hause fühlen könnten.

Sind die Energien der Hingabe, das innere Sehnen, bereits mit der Fähigkeit der konzentrierten und kraftvollen Gedanken erweitert, kann die geahnte Wirklichkeit eine Ausdrucksform bekommen. Viele große Ideen, die die Menschheit schon tief beeindruckten und zu Tätigkeiten anspornten, wurden unter dem Einfluss dieses Strahls vermittelt, doch das braucht die ergänzenden Energien. Entweder den I. Strahl des Willens, den V. Stahl des Wissens oder den VII. Strahl der ordnenden Kraft. Wenn man schon erkannt hat, dass das, was

„oben" und das was „unten" ist, zusammen die Ganzheit bilden.

So war die Vergangenheit eine wichtige Vorbereitung für das Kommende, für die Zeit des Wassermanns, der zwar auch im Bezug zum Wasser steht, doch als Luftzeichen die Ebene der Gedanken repräsentiert. Der Wassermann „versinkt" nicht im Wasser, er ist ein „Wasserträger" und bringt viele neue Ideen mit sich. Die zunehmenden „Stürme", die wir in unserer Zeit erleben, entstehen, weil der Wind (Wassermann) die neuen Gedanken, das so lieb gewonnene Wasser (Fische) der Gefühle, aufwühlt und verändert, worauf die Antwort unsere leidenschaftlichen Gefühlsreaktionen sind.

In unserem Jahrtausend beginnt der große VII. Strahl – der Wassermann – mit seinen Energien unser Leben zu berühren und uns helfend beizustehen. Der VII. Strahl des göttlichen Willens wird uns stärken, unser Leben aus einem wunschgesteuerten und separatistischen Leben eine Zeit mit einem ganzheitlichen Denken neu zu gestalten.

Auf diesen Wegen der Wandlung werden auch viele Engel und hohe Geister in unserer Nähe sein, um uns mit ihrer Liebe und Hilfe auf einer neuen Ebene zu helfen. Unsere lernenden Schritte sind eins mit dem Herzschlag des werdenden Lebens, mit dem atmenden Universums und mit der Verwirklichung des göttlichen Plans.

# DIE ZUSAMMENGEHÖRIGKEIT VII. STRAHL ALLEN LEBENS

„Zuerst war das Wort ..." Zuerst war der Geist und daraus verwirklichte sich das Leben. Göttliche Kräfte, schöpferische Energien, strahlende Qualitäten strömten aus solaren Zentren, und diese Strahlen verwirklichen noch immer, jeden Tag aufs Neue, das Leben. Jede Seele, auch jedes einzelne Naturreich – wie die Elemente der Minerale, die Pflanzen, die Tiere, die Menschen – gehören zu einem der sieben Strahlen und sind verankert in ihren Qualitäten.

So sind die sieben Strahlen, die sieben Baumeister der Schöpfung, Ausdrucksmittel des Göttlichen und wirken durch die sieben zusammengehörenden Sonnensysteme, als siebenfache kosmische Energien. Jeder einzelne Strahl ist wie ein rhythmischer Atem, wie eine ständig fließende, gestaltende Kraft.

Der VII. Strahl vermittelt uns das Wissen über die Rhythmen der „Zeit". Er hilft uns, zu erkennen, dass unsere eigenen Einstellungen, betreffend „Zeit" schon zu eng und zu klein geworden sind. Dass wir heute am liebsten mit den Bruchteilen der Sekunden „spielen", und haben die Unendlichkeit, die doch gleich „hinter dem Sichtbaren" ist, vergessen. Unsere Blickwinkel bedürfen der Veränderung, der Neubewertung und ein neues Verstehen!

Wie verständlich, dass der große VII. Strahl unseren nächsten Schritt begleiten wird. Er wird der sein, der die Zügel in die Hand nehmen wird und unser Leben umorganisieren und unseren Weg in eine neue Stabilität leiten wird. Uns in Erinnerung bringen, dass sowohl die größeren Rhythmen, die Zyklen der Weltgeschichten, als auch die kleinsten wiederkehrenden Rituale des Alltags, nur ein Pulsschlag des Lebens sind, Teile eines rhythmischen Atems, dem alles, was lebt, unterworfen ist. Dass die ganze pulsierende Kraft des Kosmos, in einer größeren, in einer alles umfassende Ordnung, in einer rhythmisch bewegenden Gesetzmäßigkeit des Universums, verankert ist.

Licht und Klarheit sind die wichtigsten Wesenszüge, die der VII. Strahl uns lehrt. Seine Energien verursachen Konfrontationen, lassen Entgegengesetztes einander begegnen, um einen Prozess der Bewusstwerdung zu ermöglichen, eine neue Sichtweise einzuleiten. Denn nicht das ist unser Ziel, dass wir weiterhin durch eine passive Hingabe das Erhoffte ersehnen, sondern durch unsere aktive Mit-Tätigkeit das Vorgestellte erarbeiten! Nur durch die Aktivierung des Lichtes, nur durch die Aktivierung der Themen des siebten Strahles können die neuen Möglichkeiten, die neuen Wahrnehmungen, die spirituellen Erkenntnisse so erscheinen, dass wir sie erkennen, verstehen und in unser Leben integrieren können.

Durch diesen Strahl werden wir auch die unzähligen Formen der Macht erleben, die verschiedenen Tätigkeiten, die wir Liebe nennen und die Themen, die schon lange mit einem Tabu belegt sind. Wir werden durch die erhellende Wirkung des VII. Strahles mit anderen Augen sehen, der Welt auf eine neue Art begegnen. Die Energien des siebten Strahles haben die Fähigkeit, Transformationsprozesse einzuleiten und neue „Formen" zu schaffen, indem sie die alten verändern. Die Funktion des 7. Strahles ist es, ein neues Ideal zu verwirklichen, Geist und Materie, Sichtbares und Unsichtbares, Altes und Neues, Himmel und Erde einander näherzubringen.

Die neuen Energien werden den erwachenden Gruppengeist stärken und die heute eher separatistischen Einstellungen, sowohl in Denk- als auch in Glaubensbereichen, verändern. Denn die Isolierung und Absonderung, der politische und nationale Egoismus, das Gefühl der Überlegenheit, der Klassenhass und die rassischen Gegensätze hemmen die Weiterentwicklung der Menschheit. Die Entfaltung der Emanzipation war ein Höhepunkt während der Individualisation, doch der Weg führt weiter. Unser nächster Schritt führt uns in eine neue Gruppenformation, in eine neue schöpferische Gemeinsamkeit. Die Grenzen unseres logischen Denkens werden die Konfrontation mit den zeitlosen Wahrheiten erleben, unseren egozentrischen Bedürfnissen der universellen Liebe begegnen.

Eine Kraft, wie die des VII. Strahles, besitzt die Fähigkeit zusammenzufassen und Entgegengesetztes einander näherzubringen. Die neuen Kräfte werden dem Menschen das Tor in eine Welt öffnen, die bisher hinter dem Schleier der Unwissenheit lag. Wir werden erkennen, dass ein Mensch, auch wenn er seinen physischen Körper schon verlassen hat, bei vollem Bewusstsein auch weiterhin ein lebendes Wesen ist. Dass die nächste Ebene, auch ohne physischen Körper, ein aktives Leben ist. Wir werden denen, die wir liebten, begegnen. Das, was wir schon immer „wissen" wollten, können wir erlernen und waren wir gerne für andere da, werden wir ein weites Feld für diese Betätigung haben. Während wir unser gehabtes Leben verarbeiten, bereiten wir uns auf das nächste vor.

*Als Seele wurden wir alle aus derselben Lichtquelle geboren und sind Teile eines „strahlenden" Lichtes. Als Seele, als winziger Strahl der schöpferischen Kraft, als Teil des kosmischen Lichtes, ist es unsere Aufgabe, das Licht zu stärken, damit auf unserer Welt das Licht wachsen, stärker und heller wird.*

## DIE ENERGIEN, DIE DURCH UNS STRAHLEN

Wir sind eine verkörperte Seele, die dabei ist, ihre Qualitäten auszubauen, um das Leben immer besser zu verstehen.

Unser Körper wird von Energien durchströmt, die uns sowohl beleben, als auch auf unsere Aufgabenrichtungen weisen. Energiestrahlen, die entweder unsere bereits vorhandenen Qualitäten stärken, um sie mit der Welt zu teilen, oder unsere Schwächen, dass wir diese Qualitäten in uns erarbeiten.

Die Möglichkeit, unsere Energien zu erkennen, finden wir in unseren Geburtszahlen. Zum Beispiel: Mein Geburtstag ist der: 19. 6. (19)34. Addieren wir diese Zahlen (das Jahrhundert ist keine persönliche Zahl) und anschließend reduzieren wir sie bis auf eine einstellige Zahl, wie $1 + 9 + 6 + 3 + 4 = 23$, $2 + 3 = 5 = V$. Strahl, erhalten wir die Zahl, die identisch mit unserem Energie- oder Arbeitsstrahl ist. Wird aus einem Geburtstag das Resultat eine 9, dann entspricht es dem VII. Strahl, ist das Resultat eine 8, entspricht es dem VI. Strahl.

Auch unsere Persönlichkeit wird von einem Energiestrahl begleitet, der gleichzeitig unsere Eigenart bestimmt. So beeinflusst diese Energie die Art, wie wir dem Leben und unseren Aufgaben begegnen. Wir können auch diesen Energiestrahl in unseren Zahlen erkennen, und zwar an unserem Geburtstag. Zum Beispiel mein Geburtstag ist der 19., und damit $1 + 9 = 10 = 1$, das heißt, dass ich dem Leben und meinen Aufgaben mit den Energien des I. Strahles begegne.

# DIE EIGENARTEN DER EINZELNEN STRAHL-ENERGIEN.

- ## Der I. Strahl des Willens oder der Macht

Dieser Strahl wird auch der Strahl der Kraft genannt und weist auf starke Willenskräfte, auf Mut, Entschlossenheit und auf die Fähigkeit zur Macht hin. Doch ihre Wirkungen weisen große Unterschiede auf, entscheidend, ob die Qualität der Liebe in unserer Persönlichkeit schon erarbeitet und integriert ist oder noch nicht. Der I. und VII. Strahl können auch einen neuen Zyklus hervorrufen, wenn die Bereitschaft besteht, als Erstes die alten Formen aufzulösen. Politiker und Manager haben oft die Energien des I. Strahls. Denn das Neue wird immer von den aktiven 1-3-5-7-Strahlen eingeleitet, wenn auch dieser „Weg" immer zuerst nach innen, für die Erarbeitung der inneren Qualitäten führt, bevor diese neuen Qualitäten der Welt weitergegeben werden können.

*Schwächen*: Stolz, Ehrgeiz, Eigensinn, Härte, Arroganz und die Neigung, andere zu beherrschen.

*Lernthemen:* Feinfühligkeit, Demut, Mitgefühl, Toleranz, Geduld.

- ## Der II. Strahl der Liebe-Weisheit

Der Einfluss einer der Strahlen 2-4-6, ermöglicht ein eher introvertiertes, empfängliches und wahrnehmungsfähiges Leben, vermittelt gute Intuition und Zugang zu den Seelenebenen. Außer, dass man noch in den Illusionen und dem Fanatismus, in den großen Überempfindlichkeiten lebt, denn dann hat man noch mit dem äußeren Leben große Mühe. Dann wird es notwendig, die Liebe neu zu verstehen. Der Weg der Entfaltung führt, in Verbindung mit der Mentalebene, durch die Entfaltung der Fähigkeit des Denkens. Dadurch wird aus ihm ein fähiger Lehrer, wenn seine Wesensart, mit der Hilfe dieses Strahles, dem Inneren, den Qualitäten zugewandt wurde.

*Schwächen:* Gleichgültigkeit, Selbstsucht, Misstrauen und Bevorzugung eines passiven Lebens.

*Lernthemen*: Liebe, Mitgefühl, Selbstlosigkeit, Energie.

## - Der III. Strahl der praktischen Intelligenz

Der III. Strahl ist der Energiestrahl der Erde und deshalb auch der Materie. Seine Gabe ist eine kreative Kraft für das Leben, die bemüht ist, das zu erbauen oder mit viel Phantasie das zu verteidigen, was man behalten möchte. Dieser Strahl, der mit den Energien des VI. Strahls, des Idealismus, eng verbunden ist, kann auch ein Heiler für den Körper sein. Doch der erste Schritt wird der Weg zur Wandlung nach innen sein, um das Denken zu entfalten – wenn das Leben noch vor allem gefühlsbetont und in einem ständigen Beschäftigtsein immer nur nach außen gerichtet ist.

*Schwächen:* Isolation, Ungenauigkeit, Zerstreutheit, Eigensinn.

*Lernthemen:* Mitgefühl, Toleranz, Genauigkeit.

## - Der IV. Strahl der Harmonie durch Konflikt

Dieser Strahl ist mit den Kräften der Evolution eng verbunden und unterstützt das Aufbrechen, damit das Leben weiterwachsen kann. Trägt die Fähigkeit, das Darüber und das

Darunter miteinander zu verschmelzen. Doch ist es auch der Strahl des Ringens und des Kämpfens, wie die Energie des Künstlers, des risikofreudigen Spielers mit dem mutigen Leichtsinn. Mit diesen Energien kann jemand ein guter Redner wie ein guter Schriftsteller sein, wenn er sich auch gerne in Schweigen hüllt. Was er hasst, ist der auferlegte Zwang, so sucht er den eigenen Weg und lebt seinen eigenen Rhythmus.

*Schwächen:* von Sorgen geplagt, ungenau, voller Leidenschaften, extravagant.

*Lernthemen:* Vertrauen, Genauigkeit, Fröhlichkeit, Selbstlosigkeit.


## - Der V. Strahl der Verstandeskräfte

Der V. Strahl beeinflusst die Entfaltung der Geisteswissenschaften, diese Energie hilft, die göttliche Idee mit den menschlichen Idealen in Verbindung zu bringen. Eine V.-Strahl-Person lässt sich nicht beeinflussen und hat die Neigung, alles zu analysieren. Im Erkennen einer Wahrheit ist sie extrem sensibel, Befehle befolgt sie sehr ungern und kann auch sehr kritisch sein. Dieser Strahl hilft, die Verstandesebene zu erhellen und zu lernen, das „Wirkliche" vom „Unwirklichen" zu unterscheiden.

*Schwächen:* Vorurteile, Engherzigkeit, Kritik und kein Mitgefühl.

*Lernthemen:* Liebe, Offenheit, Hingabe, Demut.

## - Der VI. Strahl der Hingabe

Dies ist der Strahl der großen Ideale, ob wir damit eine Kathedrale oder eine Weltbank bauen. Mit diesen Energien wird jemand vom Wunschprinzip beherrscht, ein Individualist, und er wird Mühe haben, sich in eine Gruppe zu integrieren. Hat eine eher sanfte Natur, kann aber schnell in Wut und Zorn geraten. Das Absolute wird gesucht, so kann ein Freund auch schnell ein Feind werden. Denn, ob er ein Heiliger, ein Märtyrer oder ein fanatischer Krieger ist, er wird von seinen Empfindungen davongetragen.

*Schwächen*: Eifersucht, Vorurteile, Misstrauen, Fanatismus, Aberglaube.

*Lernthemen:* Charakterstärke, Wahrheitsliebe, Toleranz, Heiterkeit, ein inneres Gleichgewicht.

## - Der VII. Strahl, die Lehre der Rhythmen

Der Strahl der „Hohepriester", der okkulten Lehrer wie auch der Manager, er vermittelt den Rhythmus der Zeit, um Transformationsprozesse einzuleiten. Schafft neue Strukturen, indem er die alten verändert. Die Funktion des VII. Strahles ist, ein Ideal zu verwirklichen, Geist und Materie, Sichtbares und Unsichtbares, Altes und Neues, Nah und Fern zusammenzubringen. Wenn er die Intuition in seinem Leben schon zulässt, wird er auch entschlossen sein, das „Erschaute" in das Leben zu integrieren.

*Schwächen*: Förmlichkeit, Stolz, eine zu hohe Meinung von sich selbst, Aberglaube.

*Lernthemen*: Erkennen der Einheit, geistige Offenheit, Toleranz, Demut, Liebe, Bescheidenheit.

Das Wachstum und die Entfaltung ist ein Emporsteigen aus der „Dichte der Materie" in einen zunehmend durchlässigeren, feinstofflichen Bereich.

## ERKENNE DICH UND DEINE WEGE IN DEN STRAHLEN DES LICHTS

Wir haben zwei Ichs in uns, wir sind Mensch wie auch Seele. Wir haben einen vergänglichen Körper und eine ewige Seele, einen dichtphysischen und einen feinstofflichen Körper, Familie hier auf Erden wie auch im Himmel. Für unsere dreifache Persönlichkeit ist die Entfaltung unserer Fähigkeiten das Ziel, für unsere Seele der immer bewusstere Kontakt mit dem führenden Geist. So leben zwei grundverschiedene Wesen in uns, mit verschiedenen Bedürfnissen, Wünschen, Fähigkeiten und Gaben.

Als Seele sind wir ein kleiner Lichtstrahl, geboren aus einem großen Licht, ein kleiner Funke einer kosmischen Schöpfungskraft. Wir sind ein mitwirkender Atem, bei der Gestaltung des werdenden Lebens, und entsprechend unseren Fähigkeiten – die wir Leben für Leben beleben – haben wir die Möglichkeit, eine sich erneuernde Welt mit zu erbauen.

Unsere Dreiheit, aus Willen/Kraft, Gefühl/Empfindung, Gedanke/Intuition, aus dem Erbe der göttlichen Dreiheit, ist unsere schöpferische Gabe. Die drei Lebensenergien – Wille,

Liebe, Intelligenz – sind auch die drei großen Energiestrahlen, die das Leben hervorrufen, beleben und begleiten. Es sind die Strahlen des Lichts, die unsere Wege aufzeigen, begleiten und unterstützen.

Jeder einzelne Mensch und jede einzelne Seele gehört zu einem dieser Lichtenergien und damit verbunden zu einem dieser göttlichen Lichter. Doch es gibt auch unzählige Energieabstufungen, Schattierungen und Vermischungen, und jeder Strahl vermittelt eine besondere Fähigkeit, deren Qualität mit unserer Reife verbunden ist. Die sieben Grundenergien des Lebens werden als Lichtstrahlen, durch die Spektralfarben, sichtbar, wie: Rot, Gelb, Orange, Grün, Blau und Violett, und die Farbe, die alle zusammenfasst, Indigo.

Die drei Hauptenergien, die drei göttlichen Eigenschaften, – 1. Wille, 2. Liebe, 3. Intelligenz – sind die drei großen Strahlen, die die göttlichen Qualitäten vermitteln. Ihre Energien sind 1. rot, 2. blau, 3. gelb. Die weiteren vier Strahlen betreffen das sichtbare, physische Leben und strömen in den Farben wie: 4. Grün – Harmonie durch Konflikt, 5. Indigo – konkretes Wissen, 6. Orange – Hingabe und 7. Violett – Organisation, die verbindende Kraft.

Mit welchen dieser Energien sind wir bewusst verbunden? Welche Farbe leben wir, und lassen sie von uns nach außen strahlen? Bei großen inneren Ungleichheiten könnte es schon sein, dass die Seele von uns einmal verlangen wird, dass wir auch unsere „schwächste Seite" in die Hände nehmen, auch ihr zum Wachsen verhelfen.

Unsere moderne Wissenschaft hat, von der sichtbaren Welt, schon viele Kenntnisse, und die esoterische Wissenschaft weiß schon viel über die Natur der inneren Energien. Verbinden wir einmal diese beiden Wissensrichtungen, wird daraus eine neue Wissenschaft entstehen, und der Mensch, als wirkende Seele, große Fortschritte machen.

Für den Menschen von heute birgt die äußere Welt, mit ihrem sichtbaren Leben, nur noch wenige Geheimnisse. So sind es mehr die subtilen Dinge unserer physischen Welt, die für uns noch verschlossen sind, und sie sind es, die es nun zu entdecken gilt. Der kommende 7. Strahl, mit seinen klaren Energien für Ordnung und Gleichgewicht, wird uns die größeren Zusammenhänge des Lebens lehren. Die Energien des großen 7. Lichtstrahls, mit seinen Fähigkeiten „Gegensätze zu verbinden", wird uns helfen die ätherischen Ebenen zu erkennen, und dieses Wissen auch in unserem Alltag zu integrieren.

Haben wir schon erkannt, dass in einem Leben die Entfaltung der Persönlichkeit der Weg, das Wachstum der Seele das Ziel ist, wird unser Leben mit jedem Tag heller, klarer und leichter. Es wird für uns eine Selbstverständlichkeit sein, dass auf unserer Erde die Sonne nicht überall gleichzeitig wahrgenommen werden kann, dass die Zeiten der Schatten zum Leben gehören. Dass unsere Licht-und-Schatten-Erfahrungen wichtige, unsere Fähigkeiten stärkende Rhythmen sind, die uns lehren, unsere Aufmerksamkeit, mal nach innen und dann wieder nach außen zu wenden.

Rhythmus ist der Weg des Werdens, die sichtbare Entfaltung einer wirkenden Liebe. Der Rhythmus des Lebens ist der Herzschlag des Kosmos, die sichtbar gewordene Liebe Gottes. Lebendig sein heißt, mit der strömenden Kraft der Liebe mitzuschwingen, sich tragen und führen lassen, die sich wandelnden Werte anzunehmen und dem noch Unbekannten zu begegnen. Und wenn wir zulassen, dass unsere Seele nicht nur unsere Schritte begleitet, sondern auch ihre „Flügel" ausbreitet, wird sie uns in immer höhere Höhen mitnehmen, wo die strömende „Luft" uns mühelos, und immer weiter, über die sichtbaren Grenzen hinaus, emporhebt.

Unendliche Fähigkeiten können wir in uns entfalten, wenn wir als Seele und Mensch eng verbunden die Wege der Entfaltung gehen und all das zurücklassen, was uns einengt und zurückhält, damit unser wahres Wesen sich ganz entfalten kann. Unsere Schritte sind die Rhythmen unseres Herzens, denn der Weg führt uns heimwärts, Richtung der Quelle der Liebe und des Lichts.

# XI. DAS WISSEN UM DIE KOSMISCHEN GESETZE

## DAS LEBEN IST EIN STÄNDIGES WERDEN

Unsere Seele hat zwei feinstoffliche „Hüllen". Die eine ist der Astralkörper, mit all unseren Gefühlen und Wünschen, die andere unser Gedankenkörper mit all unseren Wahrheiten. Diese Körper sterben auch nicht, wenn unser physischer Körper stirbt. Sie können sich so lange nicht auflösen, bis das, woraus sie bestehen, losgelassen wurde.

Unser Astral-, mit anderen Worten unser Emotionalkörper, ist unser liebstes Kind, unser wichtigstes „Zuhause". Unser Gefühls-Ich lebt in diesem „Haus" und wird schnell zornig, wütend oder beleidigt, wenn ihm jemand, in seinem eigenen Haus, nicht seinen eigenen Vorstellungen entsprechend begegnet. Wie leicht wird unser Stolz, unsere Eitelkeit gekränkt und wie schnell führen wir Kriege, wenn wir unzufrieden sind!

Unsere Gedanken, die wir beinahe ständig erzeugen, sammeln sich in dem uns umgebenden feinstofflichen Gedankenkörper, und entsprechend unseren Gedanken strahlen wir solche oder solche Energien in die Welt hinaus. So könnte vieles, was wir als blindes Schicksal oder als Zufälligkeit betrachten, mit den Auswirkungen unserer eigenen Energien verbunden sein.

Unsere moralische und mentale Natur ändert sich durch den physischen Tod nicht. Die Änderung, von einer Welt in die andere, besteht allein aus dem Wegfall des physischen Körpers. Unsere Gefühle und Gedanken begleiten uns weiterhin, bis wir bereit sind, sie zurückzulassen.

Die Zeit nach dem Tode wäre für uns wesentlich leichter, wenn wir vom Leben nach dem Tode schon wüssten. Die ersten Ebenen der astralen Welten sind noch so nahe an der Erde, dass die ätherischen Ebenen der physischen Berge, Bäume, Seen und Städte noch in diese Welten hineinreichen. So sieht der Verstorbene ein bekanntes Umfeld, sieht seinen Körper, sein ätherisches Doppel um sich, spürt seine Gefühle, hat seine Gedanken, so kommt er gar nicht auf die Idee, dass er tot sein könnte.

Der Tod ist die größte aller irdischen Täuschungen! Es gibt keinen Tod, es gibt nur Änderungen der Lebensbedingungen. Der physische Tod ist bloß diese Veränderung, indem die Seele eine teilweise Befreiung erlebt, wenn sie sich aus den schwersten ihrer Ketten löst. Nun braucht sie keine Nahrung, keine Kleidung, kein Dach über dem Kopf und kein Geld, und um sich all diese Dinge zu beschaffen muss sie auch nicht harte Arbeit leisten. Der Tod bedeutet eine Geburt in ein freieres Leben, eine stufenweise Rückkehr der Seele, nach einer Erfahrung, zurück in ihre wahre Heimat.

Welche Stufen, welche Ebenen uns – nach dem Tode – erwarten, ist abhängig von unseren Energien. In den feinstofflichen Welten sind es unsere Energien, die sich mit der einen oder anderen Ebene verbinden. Das heißt, die einzelnen Ebenen sind Energiefelder, deren Begegnung eine ähnliche Schwingung verlangt. Ändern wir unsere Gefühle, verändern sich unsere Energien und damit auch unsere Verbindungen.

Das Leben in den feinstofflichen Ebenen ist eine wichtige Ergänzung zu unseren irdischen Leben. Das Leben auf der Erde ermöglicht uns die Erfahrungen in einem physischen Körper, und in den feinstofflichen Welten können wir unsere Gefühle auf eine neue Art verstehen, wie auch die Zielrichtung unserer Seele erkennen.


Viele höhere Seelen sind aus den höheren Ebenen hier, um zu lehren und begleiten all jene, die bereit sind, sich selbst und ihre eigenen Entwicklungswege besser zu verstehen. Wir haben hier die Möglichkeit, uns zu begegnen, zu erkennen und von dort weiterzugehen, wo wir eben sind. Jede Religion spricht auch von einem Aufenthalt, wenn wir auf dem Weg zwischen Erde und Himmel sind.


Unendliche Möglichkeiten haben wir, in unseren Aufenthalten in den feinstofflichen Zwischenebenen. Wir können lernen, uns weiterbilden, uns kreativ betätigen oder helfend für andere da sein. Diejenigen, die in einem starken Glauben verwurzelt sind, erbauen ihre Heiligtümer. So findet man hier göttliche Statuen von allen Religionen und die Menschen führen ihre Rituale durch, gleich wie in ihrer Heimat.


Wie viel leichter sind diese Zwischenebenen zu verstehen, wenn wir vom Entwicklungsweg der Seele schon wissen! Wenn es für uns schon selbstverständlich ist, dass die Zeiten, zwischen zwei irdischen Leben nicht aus Stillstand, sondern aus Erkenntnis und aus Neuausrichtungen bestehen. Wenn wir schon wissen, dass wir uns weiterhin für die Mitmenschen einsetzen können.

Das Wissen um die Gesetze, das Wissen um die Rhythmen des Lebens, die ewige Interaktion zwischen den sichtbaren und unsichtbaren Welten, hilft uns, sowohl das Leben als auch das Sterben besser zu verstehen. Hat unsere Seele die letzten Reste ihrer astralen Wünsche abgestreift, ist sie fähig, aus „ihrer Wanderschaft nach Hause, „in den Himmel" einzugehen.

Haben wir die Himmelstore durchschritten und sind dem strahlenden Leben begegnet, erleben wir das große Einatmen. Begegnen wir erneut der Welt, können wir den göttlichen Atem in die Welt ausatmen, bis die Zeit kommt, dass wir in die Stille zurückkehren, um uns selbst zu begegnen. Immer und immer wieder erwacht in uns der Wunsch, den „Atem des Lebens" in die Welt zu tragen, wie auch als Himmelsbote immer erneut vor den Himmelstoren zu stehen!

## UNSERE UNSICHERHEITEN VON HEUTE SIND DIE MÖGLICHKEITEN VON MORGEN.

Die kosmischen Energien begleiten unsere Inkarnationen und sind auch mit uns, wenn wir, für eine neue Erfahrung, wieder einmal in die Materie eintauchen. Denn nichts ist außerhalb dieses großen pulsierenden Lebensflusses, kein Geschehen, keine Erfahrung, keine Zeit. Wir sind von den Energien des Lebens getragen, ob wir dies als Freude oder auch als Leid erfahren.

Wir sind Lichtwesen, und wenn wir uns für eine nächste Aufgabe mit Materie „umhüllen", vergessen wir schnell das leuchtend strahlende Leben, aus dem wir kommen. Sind wir schon ganz auf die Materie fixiert, kann sich in uns ein Gefühl des Alleinseins entwickeln. Ein Gefühl von Verlust, eine innere Unsicherheit, als wären wir von irgendwo herausgefallen, wo es für uns viel schöner war, als es jetzt hier in der Gegenwart ist.

Lange Zeiten des Haderns mit uns selbst, mit unserem Schicksal und mit unseren Mitmenschen durchleben wir. Die darauffolgenden Zeiten nennen wir Entfaltung, wenn wir schon beginnen, uns aus einer dichten Schicht von Verwirrungen, von den gelernten, geerbten und gefolgten Ansichten, langsam herauszuarbeiten.

Die erwachende Seele nimmt „Licht" und „Dunkelheit" in immer stärkerem Maße wahr und erkennt die verborgenen göttlichen Gesetze, die in der Materie die Gegensätze hervorrufen. Diese Gegensätze zu erleben heißt, unseren evolutionären Weg in der Materie zu gehen. Vieles können wir dabei noch nicht verstehen und auch nur schwer erfassen. Aber tief in uns beginnt etwas zu wachsen, was wir am Ehesten mit „Vertrauen" bezeichnen könnten. Ein Empfinden, dass alles doch einen Sinn hat und darum auch ein Ziel.

Nur, Worte sind in feste Form gegossene Gedanken, und je dichter eine Form ist, umso stärker wird das eingeschränkt, was eigentlich wirken und sich ausbreiten möchte. Dadurch wird verständlich, wie schwierig es ist, Lichtbotschaften in wegweisenden Worten so zu formulieren, dass sie zu bestimmten Entwicklungszeiten Lehren und Unterstützung vermitteln.

Mit der Zeit, durch ein wachsendes Vertrauen in die Sinnhaftigkeit des Seins, erkennen wir die Vielfältigkeit des Weges, der uns zu den großen Licht- und Gotteserlebnissen führen kann. Durch neue Sichtweisen entsteht eine neue Einstellung zu der Quelle allen Seins, zu Gott, den wir auch Vater nennen. Wir beginnen die Vielfältigkeit der Manifestationen seiner Liebe zu ahnen. Wir beginnen die vielen, scheinbar „sinnlosen" Wege zu verstehen, die zum erkennenden „Sinn des Lebens" führen. Wir erfahren, dass das Durchschreiten langer Zeiten des Alleinseins und Zeiten der Dunkelheit die wahre Selbstbegegnung und das Betreten des „Lichtpfades" ermöglichte.

Erkenntnisse sind wie der Sonnenaufgang nach einer durchwachten Nacht. Unsere Aufmerksamkeit hat sich von den Sorgen unseres kleinen Ichs gelöst, und wir haben die Zusammengehörigkeit allen „Lebens" und dadurch den „Sinn" des Lebens erkannt. Unsere ersten, bewusst suchenden Schritte verbinden uns mit mystischen Erlebnissen, mit Erfahrungen, durch welche unser Glaube an das „Leben auch außerhalb der Form" gestärkt wird. So vermittelt der nächste Schritt schon die Möglichkeit für den Beginn einer Schulung, deren Lehren wir eigentlich aus langen vergangenen Zeiten kennen, die aber jetzt einen neuen Ausdruck bekommen.

Große Lichtwesen, göttliche Gesandte des Himmels, übernehmen immer aufs Neue die wegweisenden Aufgaben, um in den sich wandelnden Zeiten die Wege der Liebe neu zu interpretieren. Ihre richtungsweisenden Botschaften sind auch immer eng mit jener Energiequalität verbunden, die zu einer bestimmten Zeit die Erde umhüllt. Das heißt, ein bestimmter Energiestrahl, der mit seinen Qualitäten einen nächsten Schritt prägt, bestimmt damit auch die Richtung und die Grundlage für eine kommende Zeit.

## WIR SIND KINDER DES KOSMOS

Als Kinder lernen wir das Einmaleins des täglichen Lebens, als Erwachsene die Gesetze der Heimat, aber irgendwann lernen wir auch, dass wir Kinder eines unendlichen Kosmos sind. Nur, all diese Gesetze müssen auch ständig neu formuliert und neu erklärt werden, damit die Menschheit, in den sich ewig wandelnden Zeiten, die Zusammengehörigkeit allen Lebens, immer wieder aufs Neue versteht.

In den uralten Zeiten waren es die Mysterienschulen, die die wenigen, die sich ihres kosmischen Ursprungs noch bewusst waren, lehrten. Die Möglichkeit für diese Schulung wurde als das größte Geschenk erachtet, das ein Vater seinem Sohn geben konnte. Die Knaben wurden schon in ihrem siebten Lebensjahr in diese Gemeinschaften aufgenommen, um sowohl ihr Herz als auch ihren Verstand zu schulen, damit sie dann im Erwachsenenalter einen konstruktiven Einfluss auf ihre Mitmenschen ausüben konnten. Oder, sie bildeten sich, für die Aufgaben als zukünftige Lehrer der Mysterien, noch weiter. Manche sahen es sogar als ihre Pflicht, die Schönheit, in Form von Skulpturen, Farben, Musik oder Versen, zu den Menschen zu bringen. Diese initiierten Weisen der Antike waren auch allen bekannt, denn sie waren die bewunderten Philosophen, Staatsmänner, Künstler oder Musiker ihres Landes.

Die Wissenschaften wurden als die Gesetze des Kosmos in den Schulen der Mysterien gelehrt, um sie auch durch ihre Ursache und nicht nur durch ihre Wirkung zu verstehen. Medizin und Physik, Mathematik und Philosophie wurden von ihrem inneren Standpunkt aus studiert, von ihren okkulten kosmischen Grundlagen her. Auch die Geographie war in diesen Schulen nicht nur ein Studium der Topographie der Erde, sondern das Erkennen, dass das periodische Heben und Senken der Kontinente, in Übereinstimmung mit den zyklischen Ereignissen der Rassengeschichte steht. Auch die Meteorologie war nicht nur das Studium der Strömungen von Wind und Regen, sondern die Erkenntnis von den Strömen vitaler Energien aus allen Teilen des Sonnensystems. Besonders die Astrologie wurde mit Ehrfurcht betrachtet und in all den Ländern wie Chaldäa, Ägypten, Mexico und Peru, Wales, Island und Indien für tief spirituell gehalten. Die Einflüsse der Sonne und der Planeten auf den Menschen wurden als ein Austausch von planetarischen und solaren Lebensenergien verstanden.


Auch die Wissenschaft der Vorhersage von den großen zyklischen Geschehnissen, wurde nicht nur in Indien bis ins kleinste Detail beherrscht, sondern auch im alten Chaldäa, dessen Repräsentanten, noch vor etwa vier- bis fünftausend Jahren, die Astrologie als ihr Hauptmysterium betrachteten. Die berühmte „Zikkurat", oder besser bekannt als der hohe Turm von Babylon, war ein eindeutiger Zeuge für das Wissen um die siebenfältigen planetarischen Einflüsse auf die Menschheit. Als ein Symbol der sieben Sphären trug jedes Stockwerk eine andere Farbe und stellte einen der sieben heiligen Planeten dar. Auf der Spitze einer Zikkurat befand sich auch immer ein heiliger Raum mit Tischen und Stühlen. Was also der Allgemeinheit als bloße astronomische Observatorien erschienen, waren in Wirklichkeit geheime Schulungszentren der Astrologie.

Somit war die wesentliche Lehre der Mysterienschulen, was die Grundlage unserer heutigen spirituellen Lehren ist, die siebenfältige Beschaffenheit des sichtbaren Universums und des Menschen als dessen Kind. Die Zahl Sieben ist eine kosmische Schlüsselzahl und stellt sowohl den materiellen als auch den spirituellen Grundstein der gesamten Evolution dar. Darum wurde schon immer die siebenfältige Konstitution des Menschen gelehrt, was bezeugt, dass auch unser Ich, unser „Haus" sieben Ebenen und große, hell erleuchtete „Räume" hat. Doch, solange wir unsere Ganzheit noch nicht kennen und die einzelnen Ebenen unterschiedlich bewerten, leben wir ausschließlich in den vermeintlich „einzig richtigen" oder „einzig wichtigen" Stockwerken, haben wir wenig Licht und beklagen unsere Begrenztheit. Die Schulung bedeutet lernen, Türen zu öffnen, üben, in die eigene Ganzheit hineinzuwachsen und unsere Eigenzuständigkeit und Eigenverantwortlichkeit zu erkennen und anzunehmen.

Denn das Leben, ob für den Einzelnen, für Gemeinschaften oder Staaten, geht immer durch Perioden von Geburt, Wachstum, Reife und Verfall. Wir erleben immer wieder ein neues Leben und im Leben einen neuen Anfang, eine neue Möglichkeit, erfahren eine neue Wahrheit, erkennen einen größeren

Zusammenhang. Wie vieles haben wir schon gelernt, wie vieles ist uns schon bewusst geworden, als nächsten Schritt lernen wir heute, unsere kosmischen Verbindungen zu verstehen, unsere kosmischen Wurzeln zu akzeptieren und unsere Einmaligkeit aufzugeben. Wir alle gehören zu einer großen Seelenfamilie, die unsere Wege aus unmittelbarer Nähe unterstützt. Strahlende Seelen, aus der Bruderschaft des Lichtes begleiten unsere Schritte auf Erden und helfen, wo das für sie nur möglich ist. Denn die strahlende Liebe des Kosmos begleitet alle seine Kinder, immer!

## DIE ZEITEN DER WANDLUNG SIND DIE ZEITEN DES WACHSTUMS

Wie oft glauben wir, dass wir schon bewusst und unvoreingenommen sind, begegnen wir die neuen Ideen, die wahr und groß sie auch sein mögen, mit unseren, von Kindheit an geprägten Vorstellungen. Ist das Gesagte mit unserer eigenen Meinung übereinstimmend, können wir es akzeptieren. Ist es mit der Wahrheit, die wir in uns tragen, nicht identisch, lehnen wir das Gehörte, ohne nachzudenken, ab. Das ist der Grund, warum die Menschheit so lange braucht, sich von einem Stadium in das nächste zu entwickeln.

Heute stehen wir, wie alle paar tausend Jahre, wieder an der Schwelle eines neuen Zyklus, und sind im Einfluss einer neu einströmenden Qualität, die diesmal die Energie des Wassermanns ist. Doch jede Energie, entsprechend ihrer Eigenart, erschafft eine ganz bestimmte Lebensform, mit all den zu ihr gehörenden Gesinnungen und Werten. So erleben wir heute, dass eine gewohnte Welt zusehends schwindet, weil sich die Energien aus den Fischen hinausbewegen und dadurch die in dieser Zeit entstandenen Sichtweisen und Lebensformen ohne deren Energien zerfallen. Ihre Zeit ist abgelaufen.

So durchlebt die Menschheit heute eine schwierige Zeit der Wandlung. Am Anfang dieses Neuen sollten wir auch das, was wir als spirituell deuten, noch wesentlich erweitern. Es ist Zeit, dass wir unsere Spiritualität von den engen Grenzen der Religiosität befreien. Erkennen, dass alles, was zu den verbesserten Lebensbedingungen eines Menschen führt, in ihm die Möglichkeit für ein inneres Gleichgewicht schafft, Spiritualität ist, ob es auf der körperlichen, der emotionalen, der mentalen oder auf der Seelenebene stattfindet.

Denn alles, was dem Wohle der Menschheit dient, ist grundlegend spirituell. Der religiöse Pfad ist ja nur einer der Entwicklungspfade neben den politischen, den wirtschaftlichen oder den sozialen Wegen. Schließlich werden all unsere Handlungen, auf welchem Gebiet wir sie auch ausführen, spirituell, wenn das Licht in uns wirkt. Es ist Zeit, dass wir erkennen, dass jeder Aspekt unseres Lebens geistig ist, wir können ja gar nicht außerhalb dieser Geistigkeit sein. Unseren heutigen Unsicherheiten sind damit verbunden, dass wir die Beziehung zu dem, den wir Gott nennen, nicht mehr auf die gewohnte Art erleben können. Wir Mühe haben zu glauben, dass alles einen Sinn hat. Und wir beschuldigen Gott für das unermessliche Leid hier auf Erden und vergessen, dass wir mitverantwortlich sind. Wir haben das Wissen über den ewigen Rhythmus, der Wandlungen und die Erinnerung an das strahlende Licht, in unserer Seele längst vergessen.

Die kleinen und großen Rhythmen des Lebens sind die wichtigsten kosmischen Gesetze der Entfaltung. Die verschiedenen Orte der Welt werden in rhythmischen Perioden – ähnlich wie Ebbe und Flut – immer wieder durch neue Energien durchströmt, um Veränderung und dadurch Evolution zu bewirken. Die Evolution ist ja ein Prozess der Entfaltung, der die Entwicklung, sowohl vom Geist als auch von der Materie, gleichschreitend voranbringt. Durch Rhythmus entstehen die Zyklen, und wie sich diese einzelnen Zyklen auswirken, zeigt sich deutlich in der Geschichte. Und all das ist genauso natürlich wie die ineinandergreifenden Geschehnisse unseres alltäglichen Lebens. Das Gestern, das Heute und das Morgen verschmelzen ständig in einer fortwährenden Bewegung. Sogar unser Identitätsgefühl verändert sich ständig, wenn unser kleiner werdendes Ich aus der Vergangenheit bereit wird, dem in uns aufkommenden neuen Selbst mehr Raum zu geben.

Wer sich mit den feineren Kräften seiner inneren Natur verbindet, und dadurch mit der mächtigen Kraft des universellen Lebens, erlebt ein unaufhörliches Vorwärtsschreiten. Wie schnell oder wie weit ein Mensch sich weiterentwickeln kann, hängt einzig und allein von ihm selbst ab. Die Umstände, die für einen schwachen Charakter ein Hindernis darstellen, können für einen anderen, mit einem starken Willen, sogar emporführend wird. Jeder Mensch wird mit dem Charakter geboren, den er sich schon durch viele Leben erarbeitet hat. So entspricht unser Charakter unserem individuellen, spirituellen Entwicklungsstand.

# DIE ZEITEN DES LOSLASSENS

Die Zeiten verändern sich und verlangen, dass auch wir uns verändern. Denn je kristallisierter und versteifter unsere Gedanken sind, die Gewohnheiten und unsere Angstvorstellungen, umso deutlicher wird uns das Schicksal ermöglichen, dass diese Eingrenzungen aufbrechen und die Veränderung einleiten, damit die darunter verborgenen Qualitäten auftauchen und weiterwachsen können.

Lange Zeiten hindurch nehmen wir das Leben wie durch einen Schleier wahr. Durch die Schleier unseres Denkens, unseres Fühlens und unseres Handels. Jeder dieser Schleier hat seine ganz speziellen, von vielen Leben geprägten Muster, unsere Reaktionen, die tief und fest in ihm eingebettet sind. Tief verwurzelt sind in unsere Anschauungen, durch die wir die Werte von „Gut" und „Schlecht", selbstverständlich und gedankenlos handhaben.

Wir leben nur selten bewusst in der Welt der Wirklichkeit, in der Realität. Meistens sind wir mit unseren Empfindungen beschäftigt, mit sinnlichen Bedürfnissen und mit all den Bemühungen, unsere vielen, verschiedenen Wunschziele zu erreichen. Die Folge dieses anhaltenden, inneren Stresszustandes sind die Reizbarkeit, Kummer, akute Angstgefühle und Depressionen.

So müssen wir immer das erleben, was in uns noch nicht im Gleichgewicht ist. Deshalb werden wir wiederholt mit denselben Schicksalsthemen konfrontiert, bis wir das innewohnende Lernthema erkannt und unsere Fehler ausgebessert haben. Im Gleichgewicht zu sein bedeutet, dass wir in einer sich ständig bewegenden und sich verändernden Situation weder die innere noch die äußere „Balance" verlieren.

Das innere Gleichgewicht kann nur durch bewusste Einsicht entstehen. Durch ein Sich-Hineinbegeben in die Rhythmen des Nehmens und Gebens, des Loslassens und Annehmens. Loslassen bedeutet, dass wir die schon lang gehegten und gepflegten, uns lieb gewordenen Ideen loslassen, weil es an der Zeit ist, diese wegzugeben. Alte Ideen sind uns immer vertraut, die neuen erscheinen eher revolutionär. Aber das heißt nicht, dass die Ideen, die für das Gestern noch gut waren, für das Heute auch gut sind.

Die tiefen und starken Markierungen unserer Persönlichkeit abzubauen und für die Werte der Seele, für die Anschauungen des Geistes in unserem Leben Platz zu machen, bedarf einer großen „Entrümpelung", braucht viel Mut, Kraft, aber auch Durchhaltevermögen.

So kommt immer wieder die Zeit, die uns hilft, um entschlossen und ernsthaft bereit zu sein, vieles zu ändern, vieles loszulassen, alles, was uns auf unseren Wegen hinderlich erscheint. Doch, auch wenn wir diese Gedanken in der Einsamkeit, in der Stille einer Meditation, in einem emotionalen Höhenflug haben, werden sie uns im Alltag Mühe machen. Wenn unsere Gewohnheiten uns beherrschen, unsere Gedanken wie gewohnt sich auf alte Werte stützen, fällt es uns sehr schwer, die Änderung zu verwirklichen.

In unserer Ganzheit sind wir aus Stärken und Schwächen, und dieses Verhältnis bestimmt unsere Ausstrahlung. Die Ausstrahlung ist es, die im Leben sowohl die Menschen als auch die Situationen anzieht.

Erreichen wir einmal die Zeit, wenn unser echtes Loslassen beginnt, und wir bereit sind, Rang und Namen, Hab und Gut zurückzulassen, wird es noch immer nur das äußere Leben sein. Doch sind wir bereit, unsere Einstellungen zu ändern, darüber, wer wir sind, wohin wir gehören, was wir brauchen und was wir sollen, dann sind wir schon wirklich dort, wo der große Schritt, den wir „Loslassen" nennen, beginnt.

Jeden Tag, mit jedem Gedanken, mit jeder Tat tragen wir zu unserer Ausstrahlung, zu unserem uns umhüllenden Energiefeld bei. Die Energiehülle um uns zieht auch unser Schicksal an. So sind wir mitverantwortlich sowohl für das Licht als auch für den Schatten in dieser Welt um uns. Sind unsere Gedanken bewusst und kreativ, werden wir erkennen, dass die Arbeit an uns gleichzeitig eine Arbeit an dem Licht der Welt ist.

## DAS ATMENDE LEBEN

Leben ist einatmen und ausatmen, erhalten und weitergeben, begegnen und loslassen. Das Wissen um den bewussten Atem gehörte schon immer zu den Wegen der Bewusstwerdung. Ein Leben, in dem der Atem bewusst empfangen, bewusst erlebt und bewusst gehen gelassen wird, ermöglicht die schöpferische Erfahrung der Seele. Der bewusste Atem ist das Tor für ein größeres Wissen um die größeren Rhythmen, um die ewige Interaktion zwischen den sichtbaren und den unsichtbaren Welten.

Es ist der kosmische Atem, der die Menschen von einem Tag, von einem Leben zum anderen, vom vorigen Tag in den nächsten, vom vorigen Leben in das nächste begleitet. Es sind die kosmischen Gesetze, die, mit ihren kleinen und großen Rhythmen, uns führen und tragen. Es sind diese Rhythmen, die auch die reinkarnierenden Seelen, zu gegebener Zeit, wieder zu dem Ort, zu den Umständen führen, wo sie ihren nächsten Schritt erfüllen können. Genauso erscheinen und verschwinden auch ganze Zivilisationen, wenn sie nach ihrer Blütezeit verfallen, um in einer neuen Umdrehung eine neue Qualität hervorzubringen.

Und all das ist genauso natürlich wie die ineinandergreifenden Veränderungen und Geschehnisse in unserem täglichen Leben. Das Gestern, das Heute und das Morgen verschmelzen in einer fortwährenden Bewegung. Wie in der Natur, Jahr für Jahr, die erwachende Lebenskraft schon auf den Ästen sprießt, wenn auch die verwelkten Blätter sich noch zu halten versuchen.

Eine neue Energie für eine neue Zeit strömt in unseren Tagen zur Erde und bereitet unsere Schritte vor. Sie verlangt eine größere Offenheit wie auch unsere Bereitschaft, dem Unbekannten zu begegnen. Sie ermöglicht, die alten Formen unseres Denkens, unsere lieb gewordenen Vorstellungen zurückzulassen, aus dem Gestern unser Morgen werden zu lassen und Raum für das Neue zu schaffen.

Das Wissen um die Gesetze des Lebens, das Wissen, dass das Leben aus Wandlungen besteht, hat uns der Himmel schon oft mitgeteilt. Nur, diese Botschaften können wir immer nur im Rahmen eines Zeitgedankens empfangen, nur entsprechend den Möglichkeiten einer Zeit in  den vorhandenen Worten gekleidet wird. Darum braucht die sich entfaltende Menschheit immer und immer neue Botschaften, um das Vermittelte immer auf eine neue Art zu verstehen und begreifen zu können. Das Vermittelte, für unseren suchenden Weg, ist immer nur ein Teil-Wissen. Jede Botschaft, die für die Menschen einer Zeit formuliert wird, ist immer nur ein Teil von einem größeren Ganzen.

Das Wissen um die Gesetze der Rhythmen, das Wissen um die Gesetze der Wandlung, das Wissen um das atmende Leben, um den Pulsschlag des Werdens, lässt uns erkennen, dass das Leben aus Veränderungen, aus Wandlungen und aus steten Erneuerungen besteht.

Die Welt wird in diesen Tagen mit neuen geistigen Energien durchtränkt. Einige von uns fühlen sich bereits gestärkt, viele andere dagegen grenzen ihr eigenes Revier noch genauer ein, um das Eigene noch stärker zu beschützen. Der Geist der Evolution möchte die Menschheit in eine friedvollere Zeit begleiten, die zutiefst egoistische, eigennützige Lebensanschauung von Personen und Nationen verändern. Erleben wir einmal die grenzenlosen Unendlichkeiten, werden wir unsere Grenzen setzenden Gedanken loslassen.

Wir erleben den Beginn eines neuen kosmischen Zyklus, erleben die Kämpfe einer zu Ende gehenden Zeit wie auch die Geburtswehen des kommenden Neuen. Es ist der Weg zu einer besseren menschlichen Beziehung, zu einer friedvolleren Zukunft.

Was für ein Geschenk, was für eine Möglichkeit, an einer neuen Welt mit zu bauen, mitzugestalten, mit unseren schöpferischen Fähigkeiten, die Ziele des Himmels zu unterstützen!

# XII. WENN UNS NEUES WISSEN BERÜHRT

## DIE ZEITEN DES ERWACHENS

In den Zeiten des Erwachens begegnen wir unserem ewigen Ich, begegnen diesem strahlenden Licht, unserer schöpferischen Kraft, die sich in den sichtbaren Welten verwirklichen möchte. Es sind die Zeiten des Erwachens, wenn unsere Gedanken sich ändern, wenn wir ein Mitwirkender an dem erwachenden Leben, ein Mithelfer für die globale Wandlung werden.

In den Zeiten des Umbruchs ist es leicht zu erkennen, was unsere Potenzen sind, die wir als Wissen, Erfahrungen oder Begabungen in uns haben. Nun ist die Frage, welche von unseren Fähigkeiten wäre wichtig, zu entfalten? Wir sind offen und bereit, unseren Blick auf das eigene Innere zu richten und unser veraltetes Muster zu durchschauen, um uns für die Transformation vorzubereiten.

Wie viele Spuren tragen wir in uns, wie viele unbewusste Erinnerungen aus den vielen, schon gehabten Erdenleben? Aber, ob es schöne oder unschöne, freudvolle oder leidvolle Erlebnisse waren, sie vermittelten wichtige Lernprozesse. Nur unsere Reaktionen ließen, aus diesen Erfahrungen, individuelle Verhaltensmuster entstehen, die heute noch bewusst wie auch unbewusst wirken. Auf diese Weise beeinflussen die alten Einstellungen und Denkweisen unser Handeln und bewirken, dass wir unsere Fähigkeiten nicht voll entfalten können.

Ja, unser jetziges Leben ist nicht unser einziges Leben, sondern nur eine gegenwärtige Manifestation unserer Seele, die bereits Hunderttausende von Inkarnationen erlebt hat. Diese gesamten Erfahrungen und all unsere Inkarnationen, alles, was wir schon erlebt haben, wird von unserer Seele gespeichert. Es geht keine Erinnerung, ob aus diesem Leben oder von einer anderen Inkarnation, verloren. Sobald wir mit unserer Seele den Kontakt aufnehmen, vermittelt sie uns Gefühle von unseren alten Erfahrungen, wenn uns dieses Wissen hilfreich ist. Unsere Seele erinnert sich, sie hat uns auch in all den verschiedenen Inkarnationen, über all die Jahrtausende, immer begleitet. Sind wir in Kontakt mit ihr, vermittelt sie durch Intuition, Wissen oder Fähigkeit ihre Erinnerungen.

Inkarnation ist Seelenentwicklung, wie unser gegenwärtiges Leben, mit unseren derzeitigen Lebensumständen. Darum inkarnierten wir ja jetzt und hier. Wir wurden geboren, um uns genau diesen Prozessen zu stellen, die dieses Leben uns ermöglicht. Wir sind hier, um zu lernen, unseren freien Willen zu entfalten, wie auch den der anderen zu respektieren. Wir lernen zu verzeihen und Liebgewonnenes wie Veraltetes loszulassen, und all das, was das Schicksal uns bereithält, anzunehmen. Doch vor allem sind wir hier, um die bedingungslose Liebe zu lernen. Wir lernen unsere beiden Arme in Liebe auszustrecken, um das Leben, sowohl gebend als auch empfangend, zu erfahren.

Wir üben mit unseren Gedanken immer ganz im Hier und Jetzt zu sein und uns den guten, den schönen, den friedvollen und konstruktiven Dingen des Lebens zu widmen. Dies wird auch früher oder später auf uns zurückfallen, wie all das, was wir aussenden. Somit beginnt unser individuelles wie kollektives Glück immer in uns selbst.

Erweitert sich unser Denken, beleben wir es und geben ihm Nahrung, wird auch unsere Intuition immer klarer funktionieren. Wir halten im Allgemeinen das Wissen für eine Tätigkeit des Gehirns, aber wenn unser Wissen die höheren Stufen des Denkens erreicht hat, erweckt das die Intuition, die eine Qualität der Seele ist. Nur, für die Intuition ist es schwer, mit einem ungeschulten Gehirn zu arbeiten, das noch keinerlei verwertbare Daten trägt. Darum ist die Meditation eine wunderbare Gelegenheit, sich in der Konzentration zu üben und das Denken zu benutzen, um eine Brücke zur Seele zu bauen.

Unser physischer Körper ist ein wichtiger Partner unserer Seele. Warum sonst hätten wir auch in einem physischen Leib inkarniert? Und wenn wir schon fähig sind, sowohl physisch als auch geistig zu wirken, sind wir schon ein Mittler zwischen dem Himmel und der Erde. Unsere Liebe, unsere Verbindung zur Erde sind eine wichtige Hilfe und Stärkung für die Aufgaben der Seele. Wir sind wie Bäume, je tiefer und stärker unsere Wurzeln, umso fester wird unser Stand und größer unsere Kronen, um die Strahlen des Lichtes zu empfangen und Früchte hervorzubringen.

Jede neue Bewusstseinserweiterung verleiht uns eine noch größere innere Ruhe und Gelassenheit sowohl im Denken als auch im Handeln, unabhängig davon, wie sich die Dinge in der Welt oder in unserem eigenen äußeren Leben gerade entwickeln. Denn, tief in unserem Inneren existiert bereits eine klare Gewissheit, dass das Licht sich durchsetzen wird, auch auf unseren individuellen Wegen, auch über noch so manche Hürde.

Mit einem transformierten Innenleben gelingt es uns, mehr und mehr, eine Weisheit und Gelassenheit im Hier und Jetzt zu leben, was dann auch auf unser Umfeld strahlt. Wir lernen, unser Dasein freudvoll und vorurteilslos zu leben, im Fluss des Lebens zu sein und uns mit dem ganzen Universum, im vollen Vertrauen, eins zu fühlen. Und fühlen wir uns einmal doch nicht so, vertrauen wir dem Schicksal, denn wir wissen, dass das, was es uns ermöglicht oder eben nicht, eng mit unserem Seelenweg verbunden ist.

In unserer Zeit verändert sich vor allem in den höheren Sphären die Erde. Die Wandlung der Menschheit wird von hohen Geistführern begleitet, und eine anhaltende Frequenzerhöhung unterstützt die Geschehnisse auf unserer Erde. Es gibt schon viele engagierte Pioniere, die die Veränderung unterstützen, und wenn wir, die Menschheit, für diese Wandlung schon bereit sind, werden wir eine lichtvolle Transformation erleben.

## DICH UND DEINE WELT HÄLT GOTT IN SEINEN HÄNDEN

Der Sog der Evolution berührt unsere Welt und wie eine große Welle lässt er uns die Höhen und die Tiefen des Menschseins erfahren. Wir erleben Zeiten, in welchen uns neue Gedanken und Gefühle durchfluten und unsere innersten Wahrheiten verändern.

Wir werden, mehr und mehr, ein Teil dieser umformenden Wellen des Schicksals. Viele sind schon bereit zu wachsen, während die Welt sich noch immer „einfach weiterdreht". Doch es scheint, dass die Zeit schon wirklich da ist, dass wir endlich beginnen könnten, auf eine neue Art zu leben, das Leben auf eine neue Art zu verstehen, unser Leben auf eine neue Art zu gestalten. Die Zeit ist reif und der Himmel bereit, unsere Wandlung zu begleiten.

Wir stehen heute mitten in einer Welt des Chaos, Verwüstung und Elend sind auf unserer Erde. Es wäre Zeit, dass die selbstsüchtige und ausschließlich materialistische Lebenseinstellung aufgegeben würde und wir gemeinsam den Weg des Verstehens gingen.

Eine intensive, geokosmische Konstellation erleben wir zurzeit, deren Einfluss unsere Intuitionen und Wahrnehmungen wachsen lässt und in der wir unseren eigenen Schattenseiten begegnen. Bekanntlich strahlt das Licht nicht nur auf eine Seite, auch tief in uns hinein, und wir erkennen unsere althergebrachten Ideen, unsere alten Wertvorstellungen und Lebensweisen.

Jede Krise ist eine Chance. Jede Krise schafft Erkenntnisse und ermöglicht die Schritte der Evolution. Unsere gegenwärtige Situation öffnet unseren Blick für neue Werte, erweitert unseren geistigen Horizont und ermöglicht ein neues Verständnis: von der Welt, von dem Menschen wie auch vom Himmel. *Unsere Bewusstwerdung liegt nicht jenseits des menschlichen Verstehens, sie liegt nur jenseits der rationalen Stufen des Verstehens.*

Die Jetztzeit ist darin einzigartig, dass eine Konferenz der anderen folgt, wie niemals zuvor. Kommunale, nationale und internationale Konferenzen bringen die Menschen einander näher. Überall bilden sich Klubs, Arbeitsgruppen, Bildungsgemeinschaften und Vereinigungen, um die Probleme des Lebens zu diskutieren und zu studieren. Die neue Zeit gibt dem Gruppengeist und dem Gruppenbewusstsein neuen Auftrieb, damit sich die Menschheit, zur Förderung des Wohls, mit der Allgemeinheit zusammenschließt.

Die gegenwärtige Zeit das internationale Zusammenkommen bereitet den Boden für das Verstehen der vielseitigen menschlichen Beziehungen, wie gegensätzlich sie ihrem Wesen nach heute auch sein mögen. Hauptsache ist das Nachdenken darüber, wie und mit welchen Mitteln das Erforderliche durchgesetzt werden kann, und welche Ziele dabei verfolgt werden müssten.

Denn immer, wenn wir bereit sind, uns aus einem engen Korsett, uns aus einer ausschließlichen materiellen Sichtweise zu befreien, können wir neuen Erkenntnissen begegnen, eine neue Ebene des Bewusstseins erreichen.

Heute fehlt uns vor allem das Verständnis für den Zusammenhang. Die Erkenntnis, dass diese Welt „die eine Welt für die eine Menschheit" ist. Darum ist unsere notwendigste Eigenschaft heute der *Mut*. Wir brauchen Mut, unsere Scheu und Abneigung abzulegen, um eine Sache voranzubringen und bereit zu sein, unsere Wahrheiten öffentlich zu vertreten.

Die Zukunft strahlt schon auf uns und unterstützt die Wandlung, unseren Neubeginn, dass wir unsere alten Einstellungen, Rollen, Beziehungen und Wertungen erkennen und verändern. Denn, es liegt nur an uns, ob wir diese neuen Energien als Hilfe oder als uns gegenüberstehende Kräfte erleben. Sind wir schon dabei, unsere Selbstverwirklichung einzuleiten, werden die Impulse der Zeit uns auch Hilfe leisten! *Wenn wir den Zeitgeist nutzen und all die Möglichkeiten in unser Leben integrieren, werden wir Besonderes vollbringen, wenn unsere Ziele nicht allein den persönlichen Interessen dienen.*

Neue geistige Enthüllungen werden wir in dem vor uns liegenden Wassermann-Zeitalter erleben. Neue Offenbarungen schweben bereits über der Menschheit. Eine neue Zeit hat begonnen. *Jeder Mensch wird sich bewusst, dass er ein Kind Gottes, ein Sohn des Allerhöchsten ist, werden wir sowohl den Himmel wie auch die Erde auf eine ganz neue Art verstehen.*

# IN UNSERER ZEIT VERÄNDERT SICH DAS WISSEN

Wir leben nicht mehr mit den Wertmaßstäben und Glaubenssätzen unserer Ahnen und unseres Landes. Die Türen stehen weit offen und wir können Neues erleben, Neues, aus vielen Kulturen und Glaubensbereichen erfahren.

Wir tragen auch „Wissen" in uns, aus vielen gehabten Leben, aus unzähligen Erfahrungen. Wir erlebten schon die Zeiten des blinden Glaubens wie auch die Grenzen setzenden, streng logischen Gedanken. Nun sind wir bereit für einen neuen Schritt, für eine neue Zeit, für ein neues Wissen, auf unseren Seelenwegen, für eine neue Erfahrung.

Denn, wenn uns die Seele durch den Alltag führt, erleben wir immer etwas Neues. Die Wege der Seele zu gehen heißt, bereit zu sein, die täglichen Notwendigkeiten auf eine neue Art zu erkennen. Unserem alten Wissen mit neuem Verstehen zu begegnen.


Viele möchten – mit ihren mystischen Visionen – Gott einfach ganz nahe sein. Doch diese Empfindungen, dieses Sehnen, waren die Erfahrungen im Zeitalter der Fische. Heute, in einer neuen Epoche, mit neuen Energien, hat die Seele neue Möglichkeiten, das Leben bewusster zu erfahren. Sind wir mit unserer Seele verbunden, erfahren wir ihre Impulse, sie zeigt uns, wie wir unsere Wege erkennen. Sie stärkt uns und ermutigt das Weitergehen, empfiehlt die Aktivierung des Denkens, die Fähigkeiten für eine schöpferische Aufgabe.

Sind wir schon bereit, unserem Glauben Wissen zuzufügen, gehen wir den freiwilligen und befreienden Weg des Jüngers. Wenn wir unsere Gedanken ausdehnen und die „neuen Wirklichkeiten" erkennen und wir bleiben bewusst und mit beiden Füßen auf der Erde, gehen wir, Hand in Hand, mit der Seele auf unseren Wegen.

Wenn wir unsere mystischen Fähigkeiten mit intellektuellen Qualitäten verbinden, können unser Kopfzentrum und die Zirbeldrüse erwachen und sie bleiben nicht mehr in einem verkümmerten Zustand. Damit erhielte unsere Seele ein wirksames Instrument, womit sie ihren spirituellen Willen lenken könnte. Solche Verbindungen lassen große spirituelle Persönlichkeiten entstehen, die mit geweihtem Herzen und geschultem Gehirn für die Welt arbeiten.

In der Vergangenheit war der Weg des Mystikers und der Weg des Intellekts getrennt. In unseren kommenden Zeiten, wenn der emotionelle und der denkende Mensch, durch seine erweiterte Gefühls- und Denkfähigkeit, eins werden, beginnt eine neue Welt. Wenn die Weisheit des Ostens, mit dem Wissen des Westens verbunden wird, kann die Möglichkeit der Wissenschaft der Seele geboren werden.

In unseren vielen Leben, in den Tausenden von Jahren, auf vielen, verschiedenen und unterschiedlichen Wegen, durch die Berge und Täler gehend, lernten wir unseren Gott zu lieben. Lernten Leben für Leben, Schritt für Schritt, unser eigenes göttliches Licht zu erkennen und ihm zu begegnen. Einmal wird auch die ganze Menschheit erkennen, dass wir alle, wenn auch mit unterschiedlichen Lichtstrahlen, doch gemeinsam in derselben Richtung unterwegs sind. Unsere Lehrer sind die höchsten Hierophanten des Himmels und sie lehren uns die einzelnen Strahlen des Lichtes. Ihre Weisheiten und ihre Liebe begleiten uns auf allen Wegen, auf jeder einzelnen Stufe, an jeder Biegung, auf unseren suchenden Wegen.

Unsere Entwicklung bedeutet, dass unsere farbigen Lichtzentren, unsere Chakren, eines nach dem anderen, aufleuchten und unsere Seele die Welt berührt.

## WIR GEHÖREN ZU EINER SPIRITUELLEN FAMILIE

Und je weiter wir unseren Wegen sind, je mehr erwachtes Wissen in uns ist, umso leichter können wir das Leben verstehen. Je mehr unsere Ganzheit entsteht, umso eher können wir aus unserer inneren Stabilität heraus, anderen Halt geben. Je heller das Licht ist, das wir berühren, umso stärker wird die Liebe, die wir für die anderen empfinden können.

Mit jedem Tag, mit jedem Gedanken und mit jeder Tat tragen wir zu unserer Ausstrahlung bei, und mit diesem, uns umhüllenden Energiefeld berühren wir die Welt und ziehen unser Schicksal an. So tragen wir die Verantwortung für das Licht und den Schatten in uns, wie auch für die Welt um uns. Wie schön ist es, mit diesen Gedanken bewusst und kreativ umzugehen, wenn wir erkennen, dass jede Arbeit an uns, gleichzeit ein Dienst an der Welt ist. Wir leben in einer wichtigen Zeit, unsere Errungenschaften sind wichtige Beiträge an die Menschheit. Aber die Welt braucht nicht nur die praktischen, das Leben erleichternden Hilfen, die Welt braucht auch Gefühle in unseren Herzen, und dass wir bereit sind, Pioniere in unserem neuen Zeitalter zu sein. So kann das Licht in uns die Botschaft sein, die Welt zu berühren

Wir gehören zu einer großen spirituellen Familie, und wir sind schon lange in verschiedenen Glaubensformen zusammen, durchschreiten gemeinsam die Wege. Jede neue Verkörperung ist immer ein neuer Kampf zwischen Licht und Schatten, entsprechend, wie wir es verstehen. Durch jeden neuerrungenen Sieg entsteht stärkere Strahlung, wie auch eine stärker erwachende Verantwortung für die Welt in uns und um uns. Durch die Arbeit an uns und in der Welt, füllen wir unser Reservoir mit spirituellem Reichtum, während unser Herz sich öffnet und wir verbinden uns mit unseren inneren Kraftquellen.

Wir schaffen damit nicht „Weltbewegendes", aber wichtige Verbindungen mit den Menschen. Es wächst unsere Verantwortung für die Natur, und in uns entsteht ein immer stärkeres Gefühl für die unsichtbare Welt. Unsere Augen öffnen sich und wir werden mehr und mehr „planetare Bürger". Wir beginnen die Geschichte der ganzen Menschheit in unseren Zellen, in unserem unbewussten Gedächtnis, zu spüren. Wie auch die Wertschätzung all der verschiedenen Denk- und Glaubenssysteme, deren Wert, für eine bestimmte Zeit, richtig und wichtig war.

Die uns umgebende Gesellschaft von Engeln und Lichtwesen wird uns immer bewusster, wenn wir auch gewöhnliche Alltagsmenschen bleiben, und wie jeder andere, gute und

schlechte Tag haben, mit all den notwendigen Aufmerksam-
keiten für die vielen Seiten des Lebens. Unser Körper hat uns
die Erde gegeben und einst wird er wieder von der Erde aufgenommen, aber *unser Herz ist frei*, während unser Herzzent-
rum sich immer weiter öffnet und von Licht erfüllt wird.

Wir haben vieles gelernt, waren bereit, uns auf vielen verschiedenen Ebenen zu engagieren. Die Arbeit, die wir in den
vergangenen Jahrtausenden getan haben, ist ein Teil unseres
Erbes, ein Teil unserer Kraft, unseres Wissensreservoirs. Unseren, jetzt erwachenden, freien Willen bekommen wir als
Gabe für die Möglichkeit, uns mit der Welt auf neue Art zu
verbinden. Manche bemühen sich um die Erde, andere setzen
sich ein für Völker und Nationen, die benachteiligt sind. Viele
beschäftigen sich mit der Ökonomie und andere engagieren
sich für die Erhaltung und Wiederherstellung der Gesundheit.

Wo wir auch stehen, wir haben einen bestimmten Platz,
eine bestimmte Aufgabe in diesem großen System des Kosmos. Jeder Tag ist für uns ein Neubeginn und eine Erfüllung.
Jeden Tag ordnen und erneuern wir unsere Kräfte, um uns immer bewusster in die Dynamik des Zeitenwechsels hineinzu-
stellen, in die Dynamik der Wende von einem Zeitalter in ein
anderes. Und wir werden uns immer bewusster, dass das Leben auch unsere kreative Fähigkeit braucht.

## DER GRENZENLOSE RAUM IST UNSERE HEIMAT

*„Wie viel Lehrer hinterließen uns schon die Botschaft,*
*dass das Leben endlos ist, dass es weder einen Anfang*

*noch ein Ende gibt und dass sich das Universum keineswegs*
*von einem Menschen unterscheidet. Wie könnte es auch,*
*da der Mensch doch nur das darstellen kann, was das*
*Universum als Gesetz verkörpert. Der Mensch ist ein Teil,*
*das Universum das Ganze."*

*H.P.Blavatsky*

Durch all die Jahrtausende vermittelten hohe geistige Lehrer, für fortgeschrittene Menschen, das Wissen der alten Weisheitslehren.

Helena Petrova Blavatsky war eine von ihnen im letzten Teil des neunzehnten Jahrhunderts. Ihre Aufgabe, ihr Vorrecht und ihre große Verantwortung waren es, dies der Welt zu geben wie niemand zuvor. Öffentlich, in gedruckter Form, kennt die Geschichte nichts, was mit H. P. Blavatskys Werk „Die Geheimlehre" zu vergleichen wäre.

In jüngerer Zeit, im letzten Jahrhundert, wurde das alte Wissen noch mit den Schriften von Helena Roerich, Alice A. Bailey, Annie Besant, Charles W. Leadbeater, Gottfried de Purucker, Krishnamurti und in unseren Tagen von Benjamin Creme der Öffentlichkeit wieder zugänglich gemacht.

*«Alles lebt für und mit allem anderen. Das ist der Grund,*
*warum besonders Sein die große Ketzerei genannt wird.*
*Nichts kann für sich allein leben. Jede Wesenheit lebt für*
*alle,*
*und das All ist ohne diese eine Wesenheit unvollständig und lebt*
*daher für sie»*

H.P.Blavatsky

Zeitfracht Medien GmbH
Ferdinand-Jühlke-Straße 7
99095 Erfurt, Deutschland
produktsicherheit@kolibri360.de